中外文化文学经典系列
中考语文阅读必备丛书

鲁滨逊漂流记

导读与赏析

主　编　　常汝吉

本册编者　张四宝　李小燕

现代教育出版社
Modern Education Press

图书在版编目（CIP）数据

《鲁滨逊漂流记》导读与赏析 / 张四宝编 . —— 北京：现代教育出版社，2018.1（2018.11 重印）
（中外文化文学经典系列 / 常汝吉，李小燕主编 . 初中篇）
ISBN 978-7-5106-5565-4

Ⅰ . ①鲁… Ⅱ . ①张… Ⅲ . ①阅读课－初中－课外读物 Ⅳ . ① G634.333

中国版本图书馆 CIP 数据核字 (2017) 第 265874 号

《鲁滨逊漂流记》导读与赏析

主　　编	常汝吉　李小燕	
出 品 人	陈　琦	
选题策划	王春霞	
本册编者	张四宝	
责任编辑	魏　星　魏艳平	
装帧设计	管　斌　刘　迪	
出版发行	现代教育出版社	
地　　址	北京市朝阳区安华里 504 号 E 座	
邮　　编	100011	
电　　话	(010) 64251036（编辑部）	
	(010) 64256130（发行部）	
经　　销	全国新华书店	
印　　刷	河北画中画印刷科技有限公司	
开　　本	710mm×1000mm　1/16	
印　　张	9	
字　　数	200 千字	
版　　次	2018 年 1 月第 1 版	
印　　次	2018 年 11 月第 3 次印刷	
书　　号	ISBN 978-7-5106-5565-4	
定　　价	26.80 元	

编 委 会

把灵魂滋养成晶莹剔透的水晶

——《中外文化文学经典系列》总序

　　每日里繁忙的学习工作、生活琐事，仿佛让我们心灵蒙上了一层厚厚的积垢，压得人喘不过气来。只有夜深人静之时，在桌前摊开一卷引人入胜的好书，心随书中的主人公一起，遨游在另一个世界中，才得以享受片刻的安宁。趁着这静谧的夜，我们的灵魂从容地沐浴着文学的菁华，慢慢地浸染、陶冶，终将滋养成一块晶莹剔透的水晶。

　　这就是经典名著的魅力——润物无声，如静水流深，温柔而有力量。

一、何谓经典

　　《现代汉语词典》上说，"经典"就是"传统的具有权威性的著作"。所谓传统，就是经过了历史的大浪淘沙，从千万著作中脱颖而出。经典作品往往通过作家个人独特的世界观和不可重复的创造，凸显出丰厚的文化积淀和人性内涵，提出一些人类精神生活的根本性问题。它们与特定历史时期鲜活的时代感以及当下意识交融在一起，富有原创性和持久的震撼力，从而形成重要的思想文化传统。

　　经典的文学作品一般具备以下四个特征：

　　首先，作品关注的是人类的终极问题，主题直击人性。就像《呐喊》直击民族性格的劣根性，《巴黎圣母院》用四个主人公来探讨外在美与心灵美的四种不同组合……经典的文学作品因其主题的跨时空性，而深受不同时期、不同民族的读者的喜爱，在时间的淘洗下历久弥新。

　　其次，经典作品的人物形象大多塑造得鲜活丰满，立体而有层次感。《三国演义》中的曹操，虽性情奸诈，但他一统天下、造福百姓的理想和抱负，又令人不得不钦佩。他既有礼贤下士的胸怀，又有借刀杀人的果决，还不乏对酒当歌的豪迈。他的性格多元化，是一个有血有肉、立体丰满的"典型"。

　　第三，经典作品的情节大都起伏跌宕、扣人心弦。《红楼梦》叙事宏大而巧妙, 四大家族的命运、几百个人物的生活经历, 以草灰蛇线、伏脉千里的形式, 若隐若现, 却又清晰可循。

第四, 经典作品的笔触细腻, 即便是环境描写, 也无一处是闲笔。《雷雨》中暴风雨前压抑的气氛, 为繁漪面对周朴园时的痛苦、与周萍的感情纠葛营造了绝佳的呈现背景。

二、为什么要读经典

经典文学名著虽然有诸多优秀基因, 然而在资讯发达的今天, 微信、微博、文化快餐比比皆是, 连纸媒的生存都举步维艰, 还有多少人能静下心来, 读这些大部头的作品呢? 甚至, 有不少人质疑, 今天读经典名著的意义何在?

愚以为, 读经典可以让我们在这个喧嚣浮躁的时代, 回归安静的思考。当今信息的碎片化, 导致读者往往急于了解故事情节, 缺乏深度思考, 甚至简单片面地看待问题, 妄下定论。而潜心品读经典文学作品, 细细揣摩作品人物所承载的人性的真善美和假恶丑, 会让我们看人、看问题更加全面深入, 也让我们自己的灵魂丰盈、闪闪发光。

三、如何阅读经典

经典是在阐释者与被阐释文本之间互动的结果。正所谓"一千个读者心中有一千个哈姆莱特", 各个时代不同读者的解读, 共同构成了经典作品独特而丰富的内涵。有些甚至形成了一种专门的学问, 就如中国有"红学研究会", 英国有"莎士比亚研究会"一样。中学生阅读经典文学作品, 除了自己用心揣摩原文之外, 还应该多了解前代读者共性化、多元化的解读。只有这样, 才能对作品有更全面的、多角度的理解。这也是我们编选这套丛书的目的——帮助初读经典的中学生们迅速入门。编者在选编文章时有意识地收录同一问题的各家之言, 形成争鸣, 让学生直观地感受到对于经典的一般认知和个性化解读共存。

让我们在前人的引领下, 冲出迷雾, 走入辉煌的文学殿堂, 感受大师的风采, 细品精美的文字所蕴含的丰厚内涵。

捧读经典，打开启迪心智之门

中学时代，是一个人一生中重要的成长阶段。

成长需要阳光雨露、需要呵护与培育，因此，中学时代除了要完成学校课堂作业以外，课外阅读无疑是"雨露滋润"不可或缺的。课外阅读，不仅能让中学生启迪心智、开阔视野、积累知识，而且还是加强人文修养、提高综合素质的重要途径。

习近平总书记可以说是博览群书的楷模。他对读书有自己的独到见解，他说过：我年轻时读了不少文学作品，涉猎了当时能找到的各种书籍，不仅其中许多精彩章节、隽永文字至今记忆犹新，而且从中悟出了不少生活真谛。

读书固然重要，但读什么书更是关键。在浩如烟海的书籍中，中外经典名著无疑是书海中的璀璨明珠，是人类智慧的结晶。因此，读书就要读经典名著。从大量中外名人的成长经历中，我们知道阅读经典名著对他们所起到的重要作用。经典名著可以说是架起青少年与人类代代相传美好传统的心灵桥梁，通过对经典名著的感悟从而形成良好的语言与文字直觉，对提高青少年的表达理解能力更是大有裨益。

习近平总书记指出："文艺深深融入人民生活，事业和生活、顺境和逆境、梦想和期望、爱和恨、存在和死亡，人类生活的一切方面，都可以在文艺作品中找到启迪。文艺对年轻人吸引力最大，影响也最大。"

现代教育出版社根据中央关于"推广群众阅读活动"的精神，结合中学生的成长特点，经过与专家学者的反复研究及听取一线教学老师的建议，精心选编了这套《中外文化文学经典系列》丛书。

这套丛书所选取的名著，不仅仅是经过岁月的洗礼流传下来的文学精粹，也是国家教育部颁布的全国中高考语文《考试说明》中要求中学生必读和必考的书目。

　　打开这套书，读者会走近一个个文学巨匠、走进一篇篇文学名著，真切地感受经典。从《红楼梦》到《边城》，从《红岩》到《平凡的世界》，你会得到许许多多的人生感悟；会懂得许许多多做事和做人的道理；你会领悟到面对困境，要勇于拼搏、奋斗的精神……

　　跟其他文学经典选读本不同的是，这套丛书具有贴近中学生身心成长的实用性，它着眼于对中学生心灵的净化和思想品质的培养。这种文学名著的陶冶，能使世界观正在形成期的中学生，在文学的浸润中，得到正能量的潜移默化。所以说，此书的编者力求以多层面、多视角来培养学生用发散的思维理解这些经典名著。

　　读书的真谛是什么，只有在捧读经典中才能感悟。相信每个阅读这套丛书的读者，会在阅读中拉近跟名家的距离，从中得到许多历史文化知识，感知生活的真善美。一个人在成长的道路上，也许会对"心灵鸡汤"感到厌烦，但经典文学名著会打开另一扇启迪心灵之门，让你在寒冬里感受到春风，在黑暗中看到光明，在迷茫中发现希望。这种阅读的妙趣，也只有通过阅读才能体会到。

　　开卷有益。相信您会喜欢这套丛书的。

前　言

打开一本书，就如同打开了一个世界，也许看到了一位沧桑的老人、一艘破旧的小船、一条干枯的大鱼；也许听得到古战场厮杀的刀剑声、深宅红楼内的嘤嘤呜咽声、旧中国知识分子胸腔里吼出的呐喊声；也许嗅出《海底两万里》尼摩船长灵与肉的焦灼、宇宙外空间传回的神秘讯息、异域国度中父与子骨髓里散出的铜臭味。多读经典名著，提升领悟要义的本领，为终身发展打下良好的精神底子，势在必行！

读万卷书，听万家言，行万里路，助推人格魅力形成，一群有梦想的编者们聚在一起，不仅打开一卷卷书，还把一位位大家点评、阅读融会起来，帮助读者走进书中的故事，揣摩语言的魅力，感受作品的深意，逐步形成个体的言语经验，在具体的语言情境中正确有效地理解、运用祖国文字进行交流与沟通。广泛地阅读，应该能获得对语言和文学形象的直觉体验，多维度地听取不同人的阅读心得，能够更加丰富文学形象的立体感，能够在辨识、比较、分析与归纳中，锻炼逻辑思维和批判性思维能力，从而使得"行万里"更加具有深刻性、灵活性、敏捷性、批判性与独创性。

2018年发布的中考语文《考试说明》增加了基础运用和阅读类样题，替换部分阅读和写作样题，明确提出要对经典名著阅读进行考查。北京卷语文学科《考试说明》中也增加了对阅读经典的要求，"附录"在保持原有"古诗文背诵篇目"不变的同时，增加"经典阅读篇目例举"；在现代文阅读和古诗文阅读中，提出"对中外文学经典""对中国古代文化和文学经典"的"理解、感悟和评价"。目的是推进名著阅读，加强正面引导。在基础运用板块中也融入名著阅读和课外文言文阅读；较之往年，今年的中考名著阅读板块的考查有四个明显变化。一是更加注重对整本书阅读效果的考查，例如，让考生从阅读过的一部名著中找出中心人物，并结合这本书说明这一人物在作品中是如何发挥中心作用的；二是注重考查对作品思想的认识；三是注重考查考生阅读名著后的个人感受；四是扩大名著阅读的考查范围，以往试卷一般仅在名著阅读板块涉及名著考查，未来在基础运用板块中也会对名著阅读进行考查，甚至在现代文阅读中也要求考生联系读过的相关文学作品作答试题。这都说明对经典阅读的考查内容进一步细化，主要包括：对作品基本内容、主旨或观点的整体把握；结合作品，对人物形象、思想内涵和艺术特色或表现手法的理解、分析；基于知识积累和生活经验，对作品价值、时代意义的感悟和评价；对古代文化经典的积累、理解和运用。这些都凸显了培养中小学生阅读能力和阅读素养在当下语文教学中的重要性。

为了提高中学生阅读经典的能力和文化素养，我们组织了北京的部分语文高级教师，从已经发表在核心期刊上的与此次所选篇目相对应的文献进行了认真、细致地挑选，秉着名师名家、名校名作；主题明确、观点鲜明；紧扣考点，通俗易懂；分析透彻、视角独特的原则，选编了这套《中外文化文学经典系列》丛书。

从中考语文未来考查形式而言，这些经典书籍的题目呈现方式多样、灵活，既可以表现在阅读类题目中，也可能是写作题目和基础运用题目中。对于授课老师而言，就要引导考生由"浅阅读"向"深阅读"的阅读习惯转变。所以我们在《中外文化文学经典系列》丛书的选编过程中，以全新的形式，独特的视角，用现代人的眼光和科学方法解读这些经典著作，本着客观、公允、多方位的精神，使学生受益，从而拉近经典著作和学生的距离，使他们能从多角度了解这些经典著作，引导和培育学生发散性和多层面的理解经典著作，使学生提高文学素养和阅读兴趣，让他们了解中外文化文学经典著作的深刻精髓，终身受益。

本书编写组

2018 年 1 月

目录

❀ 第三章　奇文共赏·比较阅读

❀ 第四章　艺苑缤纷·影视鉴赏

❀ 第五章　故乡韵味·民俗文化

经典回放·作品简介

鲁滨逊漂流记

内容简介:《鲁滨逊漂流记》是丹尼尔·笛福（1660—1731）的长篇小说。作品以日记形式记述了一名水手由于船只蒙难，漂流到一个荒无人烟的小岛上，独自生活28年的历险故事。笛福所生活的年代正值英国资本主义原始积累时期，海外扩张是当时主要财源之一。敢于冒险、积极进取是时代的需要，《鲁滨逊漂流记》正反映了这一时代精神，成功地塑造了早期资产者和殖民者的形象。与世隔绝的荒岛割断了鲁滨逊与人类文明的一切联系，为了生活，他必须从零做起，经历种种磨难，最终战胜了自然，返回了家乡。

作者热烈地歌颂了主人公直面现实、不畏困难、不灰心气馁、坚毅顽强、积极进取的创业精神。告诉人们：无论做什么，只要你锲而不舍地坚持下去，你就会获得成功。这正是新兴资产者所需要的创业精神。最后作者肯定了主人公对荒岛的占有权。作品中表现的殖民主义思想反映了作者的时代局限性。这部小说取材于现实，从正面塑造了文学史上第一位资产者的形象，细节真实生动，对19世纪现实主义小说产生了重大的影响。

知识来源:汝信主编:《世界百科著作辞典》，中国工人出版社，1993，第308页。

第一章

知人论世·作家印象

作者小传

丹尼尔·笛福（1660—1731）

　　英国作家。生于伦敦一个屠宰商人家庭，只受过中等教育。早年经商，但多次失败。他热衷于政治活动，写过大量政治性文章，反对国教，为当时的辉格党服务，而且因文墨之事多次被捕入狱，枷示三次，被国民奉为英雄。他于59岁时发表第一部长篇小说《鲁滨逊漂流记》，获得巨大成功，一跃而成为近代英国资产阶级现实主义小说的创始人。随后又发表了两部续集。此外，他还创作了四部长篇小说《辛格尔顿船长》《摩尔·弗兰德斯》《杰克上校》《罗克萨娜》和《疫年纪实》《幸运的情妇》《得日尔扎·卡里东的笔记》等多种小说作品，其中《摩尔·弗兰德斯》也被誉为他的上乘之作。他的小说具有流浪汉小说的传统，反映了新兴资产阶级的道德品质和精神情操。小说中环境描写逼真，尤擅长于细节刻画，以增强作品的真实感，作品中的主人公大多洋溢着一股同环境和自然的奋争精神。笛福被誉为"英国与欧洲小说之父"，他的作品对后来欧洲小说的发展起了巨大的作用。

　　知识来源：王先霈主编：《小说大辞典》，长江文艺出版社，1991，第567页。

你不知道的丹尼尔·笛福

易　帅

导　读

在丹尼尔·笛福的墓地前,竖立着一块纪念碑,碑上刻着"丹尼尔·笛福,《鲁滨逊漂流记》的作者"。墓碑有限,可以刻下一个人的最大成就,却彰显不了隐藏在其背后的精彩一生。经典名著《鲁滨逊漂流记》主要讲述了主人公鲁滨逊在荒岛上生存历险的离奇经历。事实上,作者笛福的一生也充满着冒险精神,其精彩程度丝毫不亚于小说主人公鲁滨逊。

丹尼尔·笛福是英国第一位小说家,也是一名商人,还是一位著名的政治评论家,被后世誉为"现代新闻业之父"。他受过枷刑,蹲过监狱;他曾拥有一个富丽的官邸、豪华的私人游艇和大马车,最后却在穷困中逝去;他曾经一度受到国王的感激和重用,但在另一段时间里又成为被仇恨、辱骂和蔑视的对象。他曾感慨自己的一生:"我已经从富裕到贫穷经历了十三次之多,没有人能经历更多不同的命运了。"

1660 年,笛福出身在伦敦一个中产阶级商人家庭,父亲詹姆斯·福是一名蜡烛零售商,一家人过着富裕且受人尊敬的生活。丹尼尔·笛福本姓福(foe),后来他在自己的姓氏前面加上一个听起来像贵族的"de"的前缀,成了"defoe"(音译为笛福),此后他就一直用"笛福"作为自己的笔名。他的父母亲都是不服从国教的非国教徒,家人的影响以及自己的信念,使得笛福成了一名坚定的非国教徒。当时的英国还没有实现宗教宽容,宗教革命后占统治地位的是英国国教,因此拒绝信仰国教的非国教徒们总是受到压迫和歧视。年幼的笛福依靠自己坚定的信仰在这种怀疑和恐惧的环境中成长,养成了刚毅顽强的性格。

父亲詹姆斯·福希望儿子成为一名牧师，但是笛福的兴趣在其他的方面。18岁时，笛福离开学校，开始做针织品贸易，很快成为一名体面的商人。他在经商期间，游历了欧洲各国，可谓见多识广。笛福在文学方面也表现出了惊人的才能，他写的诗歌总是韵律和谐、充满激情、极富感染力。他对政治和社会公共问题兴趣非常浓厚，并且总是有独到的见解。他写了很多小册子，抨击政府的腐败黑暗，品评时事。必要的时候，他总是会参与到政治的风口浪尖中去。

1685年，25岁的笛福参加了试图推翻詹姆士二世统治的蒙默斯公爵叛乱。这次起义以失败告终，蒙默斯公爵被送上断头台。参加起义的人大都遭到了残酷的镇压，有的被送上断头台，有的被流放到殖民地。笛福为了躲避迫害，四处逃难。相传，在他逃亡期间，搜捕非常严格，无处藏身的他只得落魄地躲到一块墓地中，与逝者为伴，此间一块刻着"Robinson Crusoe"的墓碑给他留下了很深的印象，后来他就借此作为小说《鲁滨逊漂流记》主人公的名字。

1688年，国王詹姆士二世的女儿和女婿，荷兰的玛丽和威廉入主英国，建立君主立宪制政府。这就是英国历史上著名的"光荣革命"。这一次，他成了政府的积极支持者。当国人嘲笑威廉三世不是英国人时，他写了著名的长诗《真正的英国人》，为威廉辩护。他指出那些自豪地宣称自己是土生土长的英国人，并且认为他们在这片土地上具有优越性的人，其实都是混合血统。在整个英国都没有"真正出生"的英国人，大家都是各个外来种族混合的结果。这篇长诗受到人们的热烈欢迎，并使得笛福声名大噪，他也因此得到威廉三世的感激和赏识。可能是由于笛福把过多的精力放在了政治和文学上，导致他的生意屡屡失败。得到威廉三世的重用之后，他利用国王给他的报酬办了个砖瓦厂，很快又富裕起来。这是他一生中最辉煌、最荣耀的一段时期。

笛福短暂的辉煌随着威廉三世在1702年去世而终结。在新政府的统治下，英国国教的一个派别——高教会获得最高权力，他们趁机迫害非国教徒，引起了非国教徒强烈的不满。1702年12月，笛福出版了小册子《惩治不从国教者的捷径》。该文表面上是站在对手的立场上，以一个鼓励宗教迫害的口气，认为现行对非国教徒的惩罚太轻，应该将他们"列入死罪"。这种根本不可能实行的夸张的建议实质上是对政府当局的一个莫大的讽刺，笛福的真正用意是反对限制信仰，主张宗教自由。

这本小册子给他惹了大麻烦。此文一出，影响极大，政府立即下令缉拿笛福。1703 年 5 月，笛福被捕，法庭判处他"监禁、枷刑"，还有一定数额的罚款。"枷刑"是笛福最不愿意接受的，在他看来，这是"比死还坏"的莫大耻辱。枷刑是中世纪英国经常使用的一种惩罚手段，与中国古代的押送犯人的枷具十分相似，除了头和两手被枷在枷板的三个洞里之外，他们还用一个约一人高的架子支撑着固定在闹市的高台上。受刑的人就戴着枷具站在高台上，供来往看热闹的人群唾骂、扔砸。笛福从 7 月 29 日至 31 日每天上午 11 点至下午 2 点之间分别在三处闹市枷刑示众。示众的时间到了，笛福绝望地站在枷刑台上，等待着围观群众的羞辱。令他意外的是，人们不但没有侮辱他，反而向他献花，为他欢呼！

笛福受刑那天恰逢他之前所作长诗《枷刑颂》出版，人们争相购买，并为其当场朗诵其中的段落。诗中对当权的各色人等进行了批判，有煽动人们迫害异教徒的牧师、作家，贻误战机的腐败将领，操纵证券市场的投机商，昏庸徇私的法官和治安官，酗酒好色的牧师，陷害好人的律师，等等。他控诉着这些该受枷刑的人逍遥法外，而敢于说出真理的人却反而受害。《枷刑颂》虽是作者为自己辩护而作，但它客观地揭露了当时政治的黑暗，对政治迫害提出了强烈的抗议，反映了大众的呼声，因此大受欢迎。这是笛福最有力量的作品之一。

经过这次变故，笛福经营的砖瓦厂破产倒闭。他无力付清罚款，只能继续被监禁着。身为一个家庭的支柱、六个孩子的父亲，走投无路的笛福写信向托利党人罗伯特·哈利求助。哈利早就耳闻笛福文笔犀利、在民众中较有声望，于是决定拉拢笛福为其所用。在哈利的斡旋下，笛福于 11 月获释出狱。出狱后，笛福创办了为托利党争取社会舆论的新锐刊物《评论》。

笛福每年从哈利那里领取一定的津贴，用以维持报刊的出版发行，这是最早的报刊政治津贴形式。领取政治津贴的笛福恪尽职守，为托利党卖力宣传。这是笛福一生中的重要转折点，从此，笛福成为一名御用文人，一名为政党利益摇旗呐喊的新闻斗士。与现代报刊不同，在《评论》办刊的9年里，笛福没有助手、没有投稿、没有专栏作家，一份报刊靠他一个人写出来，这是一份难以想象的艰巨工作。他不仅评论英国的时事，很多时候还涉及整个欧洲。他以散文的形式、用通俗易懂的语言来写评论，获得了广大读者的支持。尽管他为此付出了巨大的劳动，《评论》也只是笛福不间断的文学创作生涯的一个部分而已。

早先在围绕詹姆士二世继承权问题上，英国议会内部形成了两个派别，一派主张坚持宗教原则，反对天主教徒继承王位，叫做"辉格党"；另一派主张坚守王位继承的正统原则，叫做"托利党"。两党对英国的政治原则各守一端，成为英国政党政治的特色。特别是"光荣革命"以后，英国政局不稳，两党交替掌权。现在是辉格党掌权，可能明天就变成了托利党。一开始，笛福为托利党工作，等到辉格党上台以后，笛福又审时度势，转而支持辉格党。在1718年及1719年，笛福分别担任《白厅晚邮报》和《每日邮报》的主要撰稿人，为辉格党服务。

笛福在政治立场上的善变引起了政敌的嘲讽，他们称他是"为金钱出卖灵魂的无耻之徒、大江湖骗子、御用工具，有一杆专门造谣中伤的笔，一张出言不逊的嘴，是为面包写作、靠诽谤过日子的文人"。面对这些讨伐质疑，笛福反问道："世界上的一切职业除了为面包之外还为什么呢？"我们或许可以理解当时身为六个孩子的父亲的笛福。同时，我们也应该看到，在他表面看起来态度模棱两可、毫无原则、趋炎附势的背后，他的工作一直是为了促进公民的进步和宗教的自由，这是他真正的信仰。他改变了他的政党，但他依然在本质上忠于他的原则；他毫不犹豫地使用谎言，那是他在利用谎言服务于他所坚信的真理。他只是勇于弯下腰在政治游戏中找到为信仰奋斗的合理方式罢了。

这就是笛福60岁之前的生活，充满变化、挣扎与难以想象的艰辛。到此时为止，他还没有为英国的文学做出自己伟大而影响深远的贡献。他写了很多影响同时代人的政论文章、小册子，这些都是为了当时的需要，留给后世的东西很少。正是由于生活遭遇的洗礼与不间断的文学创作，作为新闻记者和政党代言人的笛福在 59 岁这一年出版了《鲁滨逊漂流记》。这个讴歌人类冒险精神与人类内心深处奇妙的爱的故事，长时间以来一直受到人们的喜爱。

作品来源

发表于《世界文化》2012 年第 10 期。

笛福的个人自传小说及思想

万淑兰

　　丹尼尔·笛福是英国小说艺术史上一位十分重要的人物。他不仅向世人推出了一种新型的小说文本，而且还为英国小说艺术的发展起到了积极的推动作用。他以其独特的审美意识和非凡的艺术才华创作了一系列个人自传小说，这些小说鲜明地体现了他资产阶级思想的两重性。

　　丹尼尔·笛福（Daniel Defoe，1660—1731），英国作家，生于伦敦。笛福原姓福，1703年后自称笛福。他受过中等教育，但没有受过大学古典文学教育。他一直保持不同于国教信仰的立场，政治上倾向于辉格党。他是英国小说艺术史上一位十分重要的人物。在英国18世纪四大著名小说家中，笛福排名第一位。他的代表作《鲁滨逊漂流记》是一部流传很广、影响很大的文学名著，它表现了强烈的资产阶级进取精神和启蒙意识。《鲁滨逊漂流记》在艺术形式上有很高的成就。它突破了当时文学规范的束缚，创造了新的文学体裁。它以第一人称和日记、回忆等形式，真实地描写了人物的行为、环境和细节等，开创了18世纪现实主义小说创作的先河。笛福的创作实践具有极为重要的意义，因为他的小说同以往的作品相比无论在艺术形式或艺术质量上都跨上了一个新的台阶。

　　从某种意义上来说，笛福不仅向世人推出了一种新型的小说文本，而且还对英国小说艺术的发展起到了积极的推动作用。引人注目的是，笛福将近60岁时才开始创作小说。显然，年龄和经验对他的小说样式和创作手法产生了重要的影响。在没有多少小说样板可以模仿或艺术遗产可以继承的情况下，笛福以其独特的审美意识和非凡的艺术才华创作了一系列个人自传小说，例如，《鲁滨逊漂流记》《辛格尔顿船长》（*Captain Singleton*，1720）和《摩尔·弗兰德斯》（*Moll Flanders*，1722）等。这些小说以及笛福的其他一些小说不但采用第一人称叙述，而且还采用了一种被评论家们称为"自传性回忆"的创作手法，从而使英国小说的叙事艺术发生了新的变化。

个人自传小说在笛福的努力下于18世纪初开始在英国亮相。这种小说样式既具有自传或回忆录的特征，又符合小说的艺术标准。作者在小说中安排一个叙述者，一切事件都通过这个叙述者的视角与口吻进行叙述，而作者本身则退出了小说，或仅仅出现在小说的"前言"中。笛福的个人自传小说首次使文学作品面临了如何表现人物的自我与身份的问题。在他的小说中，叙述者或主人公千方百计地将他们不平凡的生活经历告诉读者，并将小说作为他们最终而又最理想的叙述工具。叙述者试图证明他的生活经历要比那些支离破碎的琐事更有意义。从某种意义上来说，个人自传小说旨在为读者塑造一个自我。尽管笛福有时对他笔下的人物表现出讽刺的态度，但他也不时表露出对他们的同情。他的自传小说不仅在当时引起了强烈的社会反响，而且也为小说带来了新的生机和活力。

应当指出，笛福的个人自传小说的问世具有一定的历史意义。它不仅标志着现实主义小说在英国的全面崛起，而且还首次确立了个人与自我在小说中的重要地位。笛福笔下的鲁滨逊、辛格顿船长、摩尔·弗兰德斯和杰克上校等人物都是18世纪英国个人主义的具体化身。笛福通过这些人物的喉舌表达了英国在资本主义初级阶段的价值观和人生观。然而，更为重要的是，笛福成功地找到了足以表现这种个人主义的艺术形式。他的"自传性回忆"手法为他的一系列个人传记小说提供了极为有效的艺术载体。

笛福是新兴资产阶级的代言人。他的中心思想是发展资本主义工商业，特别是贸易；他主张扩充殖民地，反对专制政体、等级制度，为资产阶级争取政治权力和社会地位。

他一生最关心的是发展资本主义，他极力称赞的是资产阶级，他认为一个国家发展最核心的问题是发展贸易。"给我们贸易就是给我们一切""贸易是世界繁荣的生命"，这就是他最根本的主张。他的一切经济论著与部分政治论著都围绕这个主张，提出了许多具体建议。笛福关于发展经济的主张是有利于英国社会发展的，但是，他热烈地支持殖民制度，提出夺取、经营殖民地的办法，提出与落后民族扩大贸易的办法，并且拥护黑奴买卖。这一切都表现了他的阶级局限性。

笛福对于那些因门第而骄傲的贵族、绅士抱有很大的反感，他尽力颂扬并非上层阶级出身的资产阶级，抨击了那些看不起"平民"的"绅士"。他说人的始祖就是做工的。他强调商人是有用的人，而绅士变商人，商人变绅士则又是合理的事，等等。对自己阶级的称赞，他在《罗克萨娜》里有一段话说得最明显：

> 罗伯特男爵和我对商人的看法是完全一致的。罗伯特男爵说——我觉得他说的完全正确——一个地道的商人是全国最好的绅士，无论在知识上、在仪态上还是在判断能力上，商人都比许多贵族强。他们一旦控制了世界，虽然没有地产，也比有地产的绅士富有。

笛福对待劳动人民的态度有两面性。他认为犯罪的根源是贫穷，富有的人是不会犯罪的。摩尔·弗兰德斯和罗克萨娜之所以走上不光荣的道路，就是因为贫穷，所以他对这两个人物也是抱有同情心的。他主张发展工商业使人民有工作。但是另外一方面，他却把当时工人工作时间长、工资低、未成年的孩子就要工作等残酷剥削现象视为固然，这是雇主的观点。

笛福接受了洛克的政治思想，反对专制，主张民权。当时英国的议会是上层社会的政客明争暗斗的场所，贿赂和种种肮脏手段公行。工人、农民和中小资产阶级根本没有代表。笛福主张人的基本权利是任何人，包括国王、内阁与国会，都是不能够侵犯的，"英国人既不是国王的，也不会是国会的奴隶"。笛福是主张宗教信仰自由的，当时英国虽然没有像法国、西班牙那样在宗教信仰问题上极端专制，但是对国教以外的新教教派和天主教信徒也是有种种限制的。他是非国教的新教教徒，这种人多是中小资产阶级，他们要求合乎"革命原则"的政治体制，要求信仰自由。笛福是这派的代言人。

　　总的看来，笛福的思想在当时是有进步意义的，但是他的思想的局限性也很大。资产阶级在当时还是进步的阶级，还在进行反对封建势力的斗争。保守的贵族、地主不事生产，坐享巨额地租收入，资产阶级组织的规模日大的工商业推动了社会发展。中小资产阶级一方面与大资产阶级有相同之处，另一方面又与统治阶级大资产阶级和贵族有矛盾，要求更开明的政治。所以笛福种种发展资本主义的意见，反对封建势力，反对政治不民主，反对垄断等主张，都是有进步意义的。但是他受到时代和阶级偏见的限制而拥护殖民制度和种族歧视，这却是与大资产阶级一致，是反动的。对劳动人民，他所关心的只是使他们有工作，能生产财富，这又与资本主义的要求相吻合。笛福思想上的这种两重性，鲜明地表现在他的文学作品中。

　　笛福一生最关心的是发展资本主义经济的问题。他的基本的政治、经济观点，在他前后的著述中大体上是一致的，他的政治生活的变动对此没有发生多大的影响。但是，整个说来，以早期作品较为锐利、有力。笛福的政论文章和文学作品一样，带着鲜明的资产阶级性质。从他的著作中，我们可以了解新兴资产阶级有相当代表性的政治、经济观点；可以看到资产阶级在上升时期对封建意识的否定、对社会发展的肯定，和它与生俱来的剥削、战争、殖民主义、利己主义等阶级性的种种表现。英国是一个典型的资本主义国家，通过笛福的作品，了解资本主义上升时期资产阶级的精神面貌和社会情况，就更有它的意义。

‖作品来源‖

　　发表于《科技信息（学术研究）》2006 年第 11 期。

第二章

他山之石·文章赏析

浅析丹尼尔·笛福及其代表作《鲁滨逊漂流记》

杨大亮　张发祥

导　读

　　丹尼尔·笛福是英国文学史上第一位重要的小说家，其代表作《鲁滨逊漂流记》是一部成功的现实主义小说。在作品中，通过对资产阶级在其上升时期的冒险精神及其追求财富的思想情绪的生动描述以及对资产阶级的进取精神的热情颂扬，笛福成功地塑造了一位典型的殖民主义男性开拓者的形象。该小说一反古典主义创作的清规戒律和荒诞虚构的流浪汉小说的传统，以普通的中产阶级人物为主人公，以现实社会生活为主要题材，在环境的具体描写中刻画人物性格，并使用日常生活中的语言写作，从而为现实主义小说的发展开拓了道路，对英国及欧洲现实主义小说创作产生了深远影响。

　　丹尼尔·笛福是英国文学史上第一位重要的小说家，被誉为英国小说之父，他出身于一个小商人家庭，早年经商，曾到过西班牙、德国、法国和意大利。1688 年，英国资产阶级赶走斯图亚特王室，荷兰信奉新教的威廉第三登陆英国，夺走了王位。笛福加入了他的军队。1692 年笛福经商破产，不得不改行谋生。从事写作后，他善于写政论文和讽刺诗，反对封建专制。1697 年撰文提出社会各部门的改革意见，表达了启蒙主义思想。1702 年写文章讽刺国教会迫害不同教派人士的行径，被当局（威廉已死）逮捕入狱，判禁 6 个月，并受枷刑示众 3 次。受枷刑时，他散发了他的长诗《枷刑颂》，反击讽刺当局的不公，围观的伦敦市民奉他为英雄，将鲜花撒在他身上，以示敬意。他出狱后，曾为苏格兰归并英国奔走。1719 年，笛福发表第一部小说《鲁滨逊漂流记》（*Robinson Crusoe*），深受读者欢迎，不久又出版了第二部《鲁滨逊漂流续记》和第三部《鲁滨逊的沉思集》。此后，笛福还发表了《辛格尔顿船长》（1720）、《摩尔·弗兰德斯》（1722

等脍炙人口的长篇小说。

　　笛福的一生充满了坎坷，他出身于下层资产阶级家庭，终生从事经商、写作和政治活动，但经商活动历尽艰险，政治活动几经沉浮，晚年在贫困中度过，最后死于神经病的折磨。但作为一个启蒙主义者和上升时期的资产阶级思想家，他始终坚信自己的社会政治理想，他的世界观具有鲜明的时代特点。他的长篇小说《鲁滨逊漂流记》淋漓尽致地倾注了他一生的社会政治理想和具有鲜明时代特征的世界观。

一、作品简介

　　《鲁滨逊漂流记》的开头讲的是主人公鲁滨逊出身于英国约克郡的一个"体面家庭"，他是这个家庭中三个儿子中最小的一个，长子死在战场中，老二外出下落不明，父亲希望小儿子鲁滨逊能够留在家里守业，但是渴望航海、到海外去冒险的念头自幼就充斥在鲁滨逊的脑海里。他背叛了父亲的意志，违背了母亲的意愿，不足 19 岁，就瞒着父母亲出海，跟一个朋友离家出逃，乘船赴伦敦。首次航行就遇到风暴，船只沉没，被别的船只救起，险些丢命。不久，他又冒险赴非洲经商，获得成功，使他拥有一笔财富。之后，鲁滨逊第三次出海，航行中遭土耳其海盗船的袭击，被摩尔人掳到摩洛哥，给海盗船长当了奴隶。两年后，鲁滨逊被派往海上捕鱼，他划着主人的小船乘机逃跑，被一艘葡萄牙货船救起，到了巴西。在巴西，鲁滨逊买了一个种植场，经营数年后，仍不满足于现状，跟一些人再次出海到非洲合伙贩运黑人奴隶。航海中，船遇到了暴风雨后触礁，海水涌进船舱，全部船员慌忙登上一个小艇逃命，向附近的一个岛屿拼命划去。突然，山一般的大浪从后面滚滚而来，将他们的小艇打翻，顷刻之间，船上的人都被巨浪吞没，鲁滨逊的十几个同伴全都遇难，唯独鲁滨逊幸存，被大浪抛到一个荒无人迹的小岛上。站在岸边，他向四周远望，到处是一片凄凉景象，波涛汹涌的茫茫大海包围着荒岛，远方海面上看不见一只船帆的影子，此时此刻，他感到没有一点出路，没有获救的希望，唯一等待他的就是死亡，他完全陷入了绝境。

次日，风平浪静，鲁滨逊发现他们的大船仍然停在离岸边不远的地方，船尾上翘。于是他脱掉衣服就向大船游去。爬上船后，他首先从船上拆掉几块木板和帆杆，做了一个大木筏，然后将船上完好的粮食、衣服、木工工具、数支鸟枪和手枪、弹药，连同帆布和缆索等所有有用的东西全部运到岛上。他依山建造自己的房屋，在小山旁搭起帐篷，在帐篷周围用木桩围上栅栏，在帐篷后挖洞定居下来，他下决心依靠艰辛的劳动改善自己的环境：制作桌椅，猎取禽兽，采集果子，播种谷物；他发现岛上有许多山羊，就开枪打死山羊，得到了充饥的食物。火药用完以后，他就追捕山羊，由于长期追捕野生动物，他跑得甚至比狗还快。他还驯养山羊，用捕杀的兽类脂油作灯，用黏土烧制锅、盆、碗、罐，花费几个月的时间，制造出了可以容纳 26 个人的大型独木舟。没有衣服，他就用钉子当针，用拆下来的破袜子线将羊皮缝起来穿在身上御寒。他还用木头和羊皮盖起了一间卧室和一间厨房。后来遇上一些人到岛上举行人肉宴，从他们手中救出一个将要被杀的土人，取名"星期五"，做他的奴隶。

就这样，鲁滨逊在岛上生活了 28 年之久，最后他帮助一个英国船长，制服了叛变的水手，夺回了船只，将叛变的水手留在岛上，自己带上"星期五"和船长搭乘这只英国船离开荒岛返回英国。回到英国后，他成家立业，有了三个孩子。妻子去世后，他又带船队出海经商，并特意来到他曾生活的孤岛"视察"，发现留在岛上的水手和西班牙人都已安家繁衍生息，岛上一片繁荣兴旺景象。鲁滨逊又送去一批新移民，将岛上的土地租给他们，并留给他们各种日用必需品，满意地离开了小岛。后来他去巴西经营种植园致富。

二、作品赏析

小说《鲁滨逊漂流记》是一部风行世界、家喻户晓的英美文学名著，该书由三部分组成：第一部分描述鲁滨逊最初航海情况，及其在巴西经营种植园的情景；第二部分记叙了主人公鲁滨逊流落荒岛长达 28 年的种种经历；第三部分介绍鲁滨逊离岛回国后的状况。

　　鲁滨逊是一个典型的殖民主义者、资产阶级开拓者和冒险家，他胸怀大志、勇于进取，自幼就充满了勇于进取的冒险精神；他不听从父母的劝告——留守家业，不愿意守在家里过那种安逸舒适的生活，不满 19 岁，他就弃家出逃，到海上漂泊，航海中沉船遇险，被掳为奴，经历了种种挫折、磨难和失败，后来到巴西经营种植园获得成功。但他仍不满足现状，开始向往未经开发的非洲，于是冒着风险，他再次横渡大西洋。在航海中，鲁滨逊所乘坐的贩运黑人奴隶的船遇到了暴风雨，除他以外，船上的人全都遇难，他被大浪抛到一个荒无人迹的小岛上，结果滞留在海岛上长达 28 年之久。

　　他没有什么惊人的本领可以在这凄凉的环境中挣扎。可是他承受住了这个打击，发挥出超出凡人的心理承受能力。为了重新拾起勇气，鲁滨逊写了一张利害差异表，把种种可能都分析出来。无论是出于消极还是积极，这使得他能够冷静下来，从只会空想的日子里解脱了出来，学会从绝望中寻找希望，从而勇敢地活下去。

　　但是 28 年之久的孤岛生活并未阻挡住他的进取和冒险。在荒岛上，面对人生困境，鲁滨逊不是坐以待毙、听天由命，而是面对现实鼓起勇气、下定决心，自己动手、克服困难，全身心投入征服大自然的斗争中。他不气馁，不回头，不知疲倦地开创了自己的小天地，靠着自己的双手，克服了无数的困难。他挖洞围栏、驯养山羊、制作桌椅、猎取禽兽、采集果子、播种谷物、烧制锅盆、制造木舟。最终，他以自己顽强不息的精神和辛勤的劳动换来了丰衣足食。他之所以能够在荒无人烟的海岛生存下来，完全靠的是自己坚强的意志、惊人的毅力、满腔的热情、积极的进取精神和充满发明创造的智慧。为了做一块木板，他花费了 42 天的时间；为了做一只独木舟，他整整花费了两年的时间。正是凭着这种坚忍不拔的毅力，他用勤劳的双手为自己创造了生存的条件，同时也改造了大自然。在同大自然的斗争中，他不怕艰难险阻，不怕失败，持之以恒，直到取得成功。他的所作所为，显示了一个硬汉子的坚毅性格与英雄本色。他这种充满自信、不畏艰险、勇于进取和从不满足的积极向上的追求，真实地展现了西方社会上升时期资产阶级的精神面貌和开拓创造精神。

从望远镜里看到有 30 余人乘着五只小船朝荒岛驶来，靠岸后从小船上拖出两个被俘的土人，在海滩上燃起火来，准备烧食他们。其中一个土人趁机撒腿向鲁滨逊住的方向跑来，鲁滨逊朝后面追赶的两个野人连放两枪，将其击倒，成功地把一个即将被杀的土人从野人手中解救出来。鲁滨逊给这个土人取名叫"星期五"，让他给自己当奴仆，称自己为主人，他们之间的关系成了一种被作者美化了的和谐的奴隶主和奴隶的关系。鲁滨逊成了一位和蔼可亲的奴隶主，"星期五"成了对主人忠心耿耿的奴仆，他知恩图报，效忠主人。鲁滨逊则认真地教"星期五"学习英语，学干各种活计，并用基督教义开化"星期五"……在鲁滨逊身上，劳动者的本色和资产者的气质融为了一体。他既是个劳动者，同时又是一个资产者和殖民者，孤岛上还仅仅是他一个人生活在那里的时候，他就自言自语道："这里的一切都是我的。"他将孤岛视为自己的"领地"。当岛上出现了"星期五"的父亲和西班牙人后，他觉得自己就是他们的"国王"，并为这些"臣民百姓"对他的服从感到无比的满意。他甚至在回到英国后，还亲自返回他的"领地"——孤岛视察，看望他的"臣民百姓"，还将岛上的土地租给新定居在那里的居民。在鲁滨逊身上，资产阶级上升时期的冒险和进取精神、追求财富的思想情绪以及剥削掠夺的本性都得到了充分的体现。《鲁滨逊漂流记》最大的艺术成就是在英国文学中成功地塑造了鲁滨逊这样一位崭新的殖民主义男性开拓者和首位资产阶级正面典型形象。而鲁滨逊乐观、勤奋的开拓精神则是小说最重要的价值所在。

三、结语

《鲁滨逊漂流记》是笛福在真实发生的航海故事的基础上创作而成的。它是一部成功的现实主义不朽之作。作品形象地反映了当时西方资产阶级在上升时期的精神面貌，引起了广大读者，特别是文学评论界的广泛关注。在这本书里，笛福通过对资产阶级在其上升时期的冒险精神及其追求财富的思想情绪的生动描述以及对资产阶级的进取精神的热情颂扬，成功地塑造了一位典型的殖民主义男性开拓者的形象。

在作品中，笛福赋予主人公鲁滨逊的形象以深刻的寓意，鲁滨逊热爱劳动、意志坚强、乐观自信、不畏艰险和积极向上的精神体现了整个人类的某些优秀素质，其意义超越时代，跨越阶级，其艺术构思远远超出了现实生活中个人遭遇。在创作中，笛福贴近生活，尊重人性，以简朴明晰、通俗浅显的语言塑造出了一个血肉丰满、栩栩如生的典型人物形象。他开辟了以写实为风格，追求逼真效果的现代长篇小说发展的道路；他用生动逼真的细节把虚构的情景描写得真实可信，使人有身临其境之感。

《鲁滨逊漂流记》以普通的中产阶级人物为主人公，以现实社会生活为主要题材，在环境的具体描写中刻画人物性格，并使用日常生活中的语言写作，从而为现实主义小说的发展开拓了道路，对英国及欧洲现实主义小说创作产生了深远影响，其思想和艺术都无愧于世界名著之称誉。《鲁滨逊漂流记》象征着整个人类历史的发展，从而使笛福本人在世界文坛上名垂不朽！

┃作品来源┃

发表于《名作欣赏》2009 年第 4 期。

《鲁滨逊漂流记》的主人公形象与现代启示

郭 歌

导 读

《鲁滨逊漂流记》主要讲述了主人公鲁滨逊出海遇难后漂流到无人岛，并在荒无人烟的孤岛上生活了28年，最终战胜了艰苦的环境回到人类社会的故事。本文将从简要介绍小说主要内容入手，分析鲁滨逊这一主人公形象，并揭示作品对现代的启迪意义。

一、《鲁滨逊漂流记》内容简介

《鲁滨逊漂流记》是英国著名小说家丹尼尔·笛福的一部巨作，小说主要讲述了主人公鲁滨逊因出海遇难，漂流到无人小岛，并坚持在岛上生活，最后回到原来所生活的社会的故事。

小说的主人公鲁滨逊出身于一个体面的商人家庭，本来可以在舒适的环境中安度一生，但他却并不甘于平淡而优越的生活，一心想去海外见识一番。后来，鲁滨逊不顾家人、朋友的劝阻，义无反顾地开始了一段神奇却坎坷的冒险之旅。出海的过程中，困境不断，使得他一度从一个衣食无忧的中产阶级青年沦落为摩尔人的奴隶。虽然后来侥幸逃脱，但厄运在他第三次航海时再次降临。他的船在途中遇到风暴触礁，船上水手、乘客全部遇难，唯有鲁滨逊幸存，但他却只身漂流到一个杳无人烟的孤岛上。在荒岛上生活的数年中，他面临一次次的生存考验，但他知难而进，凭借自己的聪明才智，一次次化险为夷，最终重返人类文明社会。

二、《鲁滨逊漂流记》的主人公形象解析

（一）向往挑战，不畏冒险

　　在小说中，主人公鲁滨逊是一位向往挑战，同时具有强烈冒险精神的资本家。向往大海的他放弃了安逸、富足的中产阶级生活，不顾朋友与家人的阻拦毅然选择冒险。在冒险的过程中，鲁滨逊发过财，当过奴隶。在第三次航行时，他的船遭遇了狂风，船失事后他流落至一个无人岛上生存下来。

　　小说中，鲁滨逊对挑战与冒险的渴望得到充分刻画："从幼小的时候，我的脑子里便充满了遨游四海的念头。""在我一生的各次冒险中，我最大的不幸就是没有以水手的身份去搭船。"出海后，遭遇第一次风暴时，鲁滨逊也如常人一般表现出万分惊恐，同时也后悔不已。在当时的困境当中，他暗自下决心——倘若有一天能够再踏上陆地，一定跑到父亲身边，一辈子不再出海坐船！然而，当大风退去，"我的旧有的欲望又涌上我的心头"，他依然继续坚持自己的航海梦想。面对来自自然和生命的多重挑战，鲁滨逊并没有低头，而是继续向自己发起挑战，坚持心底的追求。甚至在遭遇了两次风暴之后，鲁滨逊也没有折回而是选择继续向前。面对风暴他勇往直前，对此，鲁滨逊自己是这样解释的："我的倒霉的命运却以一种不可抗拒的力量逼着我不肯回头。这种力量，我实在叫不出它的名字。"在小说中，他将那种"不可抗拒的力量"归结为"神秘而有力的天数"。但事实上，这种神秘的天数正是他心底对挑战的无所畏惧，对冒险的勇敢追求。

（二）积极乐观，坚定不移

　　小说中，鲁滨逊无疑是一个积极乐观、坚定不移的勇士，而正是因为他乐观而坚定，使他能够在荒岛上开辟家园，创造奇迹。落难后，鲁滨逊做的并不是怨天尤人，坐等死亡的降临，而是积极行动创造生存机会。于是，他用沉船的桅杆做了木筏，一次次将船上的食物、衣服、枪支弹药、工具等运到岸上，并在小山边搭起帐篷定居下来。接着，他在帐篷周围围上栅栏，在帐篷后挖洞居住。后来，他甚至制作了简单的桌、椅等家具，以猎野味为食，饮溪里的淡水。就这样，积极乐观的鲁滨逊度过了在荒岛上的最初困难时期。

荒岛上恶劣的生存环境与之前富足、安稳的状态形成强烈对比和落差，但面对这一切，鲁滨逊并没有展现出满面愁容，而是积极劳作、坚定地活下去。可以说，在荒岛上的鲁滨逊完全是依靠自己坚定的信念与乐观的态度获得了生存的希望。为了能够更好地生活下去，他拼命劳作，甚至不给自己留下一点的休息时间！在岛上，他种植了大麦和稻子，自制了木臼、木杵、筛子、陶器，甚至还自己加工面粉，烘出了粗糙的面包！鲁滨逊终于在荒岛上开辟了新天地，但他一直未放弃重返人类社会的希望。为了造船，他花费数天却仅做成一块木板。虽然造船的计划最初以失败告终，但他从未放弃、从未退缩。他勇敢地向自然挑战，索取生存必需品，终于花费近半年时间造出一艘独木舟。

困苦中，鲁滨逊将荒岛看作自己的天地，即使沦落至此，他也认为生命仍存在希望，因此他坚持努力耕作，不懈奋斗。在那个与世隔绝的荒岛上，积极乐观、坚定不移的鲁滨逊借助自己的聪慧和勤劳的双手，创造生活，谱写了生命的奇迹！

（三）直面现实，脚踏实地

当鲁滨逊在荒岛上从昏迷中醒来，他发现迎接他的竟是一个荒无人烟的孤岛。虽然，最初鲁滨逊难免被悲观和绝望的情绪笼罩，但悲伤过后，他很快便清醒地意识到自己所处环境之恶劣。在恶劣的环境之下，他随时都可能性命不保。于是，他很快从悲伤的心境中挣脱出来，丢掉幻想，开始直面眼前的现实。他立刻脚踏实地地行动起来——将那艘还没有完全沉没的遇难船只上能搬动的物品都运到荒岛上，并搭建了自己的临时住所。落难荒岛的鲁滨逊凭借努力初步解决了食、住这两大生存问题。当他认清在短期被营救的可能性极小，或许自己将在这座孤岛上终老一生的现实之后，他不再做无谓挣扎，开始为自己在岛上长期生存做积极准备。他在孤岛上面修建房屋、种植粮食、饲养牲畜，并用动物皮制作皮衣避寒。如此种种，他逐渐在岛上建立了自己的家园。在疾病来临时，鲁滨逊也没有坐等死神降临，而是利用烟叶、水等物品做成药物，给了自己生的希望。后来，鲁滨逊在荒岛上发现了食人野人，在经历了最初的惊恐之后，他很快恢复镇定，并搭起了观测台，随时侦察岛上和海上的情况，防止葬身野人之口。

在小说中，主人公鲁滨逊一次次被逆境与危机围困，但在面临这些困苦时，他并未沉溺于悲观绝望、迷茫不知所措中无法自拔，而是很快地直面现实、接受困难，脚踏实地地用自己的智慧和双手创造一切。

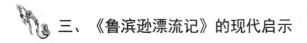

三、《鲁滨逊漂流记》的现代启示

（一）追梦路上应永不言弃、百折不挠

梦想是我们前进的方向与动力，正因为有它的存在，我们的生活更富有意义。追梦的途中并不一路平坦，总会有山水阻隔、风雨雷电，但正是因为追梦过程的艰辛不易，坚持追逐梦想才更显得可贵。在崎岖的追梦路上，总有一些勇士能够永不言弃，坚持奋斗，正如小说中的主人公鲁滨逊，他永不言弃、百折不挠的精神向那些在追梦路上挣扎迷茫的人传递了无穷的正能量。

在当今的社会，人人都心怀梦想，但却并非人人都拥有一份永不言弃、百折不挠的毅力。在我们周遭，提及梦想侃侃而谈但在面对挑战时畏首畏尾、轻言放弃的人比比皆是，他们抱怨梦想的轻易破灭，哀怨人生如此不顺意。虽然追梦的路上注定会出现太多的主客观因素，但实现梦想的过程本身就不可能一帆风顺，只有那些永不言弃、百折不挠的人才有希望沐浴梦想的曙光，收获梦想的果实。而那些遇到一点困难就放弃，缺少恒心和毅力的人的梦想只会成为镜中花、水中月。当前路遇阻、心灰意冷时，我们要做的不是去一味地抱怨，而是应该回顾一下鲁滨逊漂流的故事，学习他可贵的精神。在被困无人岛之后，即便是经历了无数次求助失败，厄运一次次将他围困，他也从未放弃梦想。最终，凭借自己的勇气、毅力与智慧，鲁滨逊成功逃离无人岛。因此，当在追梦路上遭遇困难与挫折时，我们不应灰心丧气甚至是一蹶不振、怨天尤人，而应像鲁滨逊那般坚定信念，永不言弃。

（二）逆境当前应知难而进、无所畏惧

在人生的漫漫旅途中，不管是追梦的旅途中还是日常生活的点滴中，坎坷和逆境在所难免。正因为逆境的存在，我们的生命才更显真实，向上的力量才更显强大。在面对逆境时，我们应该有的不是畏首畏尾，更不是颓废不堪、轻言放弃，而是应像主人公鲁滨逊一样逆境当前知难而进、无所畏惧。

流落至无人岛之后，鲁滨逊面临的是一生从未经历的生存困境，但在这种逆境之中，他并未放弃，而是积极乐观地应对困难。那里没有食物可吃，他便在岛上种植粮食作物；没有工具可用，他便自制木臼、木杵、筛子等用品，甚至自己加工了面粉，烘焙出面包。为了不至于餐桌上营养过少，他还捕捉并驯养了野山羊，让其繁殖。后来，为了逃离小岛，他用了近半年的时间做成了一只独木舟，却因为船太重无法拖下海去，困难再次将他包围，然而他却知难而进，重新制造出另一只小些的船。鲁滨逊在流落荒岛后表现出的知难而进、无所畏惧的精神值得我们每个人好好学习。在逆境当中，我们要积极乐观，用足够的勇气、无畏的心态、沉着冷静的头脑、敏捷睿智的思维，勇敢地向其发起挑战。转变心态，将逆境看作人生前进的动力和能量，勇敢地面对它。毕竟，逆境总是暂时的，它不等同于绝境，穿过逆境我们就会绝处逢生，美好的未来在前方等待着我们。

（三）奋斗当中应正视现实、脚踏实地

奋斗的过程中，我们只有正视现实、脚踏实地，本本分分一步一个脚印地努力前进，才能够到达梦想的彼岸。在当今的社会，不肯付出诚实劳动，却妄图一劳永逸的大有人在，他们通常好高骛远，对自己的能力有着不切实际的预估，虽然怀揣梦想，却做不到脚踏实地、勤勤恳恳、认真付出，到头来获得的是空梦一场。在这个浮躁而充满欲望的社会中，我们应该沉下心来追求鲁滨逊那种踏踏实实的奋斗精神，不做幻想家，而做一个务实者。

在荒岛上，鲁滨逊能够用理性认清现实，最大限度地发挥他的天赋、才能、技巧，使自己从无衣无食的悲惨境地中逃脱出来，还成功地将荒岛变成了世外桃源，用自己的创造性劳动和成果展现了人类智慧的无穷魅力。鲁滨逊最终获得的一切绝不是从天而降，也不是呆坐着幻想出来的，而是通过自己勤劳的双手、踏实的奋斗创造出来的。反观当前社会中的我们，如果在奋斗中不积极采取行动，等待我们的只会是悔之晚矣的暮年。因此，当身处逆境中时，我们应该学会正视并接受现实，发挥主观能动性并充分利用客观条件，踏实认真地做好每一件事，只有这样，逆境才能逐步好转，人生的路途才会越走越顺。

《作品来源》

　　发表于《语文建设》2016 年第 2 期。

解读丹尼尔·笛福代表作《鲁滨逊漂流记》

赵宏维

导　读

　　笛福自幼生活在一个下层资产阶级家庭，终生命运都不顺，一直从事写作、做生意和政治项目等，然而做的生意充满艰辛，政治生活也起伏不定，最后在贫困的生活中度过晚年，被精神折磨而死。笛福是一位资产阶级上升阶段的思想家，也是一位启蒙主义者，坚定不移地信仰自己的政治思想，具有时代性和鲜明性的世界观。他创作的现实主义小说《鲁滨逊漂流记》就是一部充分展现他一生中的政治观念和个性化时代观点的小说。

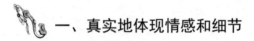

一、真实地体现情感和细节

（一）真实的情感

　　笛福创作的《鲁滨逊漂流记》被评价为现实主义小说，读该作品有如读历史的感觉，该作品具有现实主义小说的相同特征——严肃而冷静地说出谎言，然而作者在小说的序言中强调该作品绝没有半点虚假，都是真实情况的记录。作者想尽各种办法来维护小说的真实情况大概是出自自己真实的情感。在英国，当时的文学界始终被浪漫的贵族骑士故事和伤感的文学作品所占领，而新的资产阶级读者非常厌恶这种与自己现实生活没有任何联系的作品，笛福的作品也包含其中。

　　面对这样的文化现状，笛福决定要创作与普通人生活相关的作品，选择真实的体裁创作，抛弃虚假浮夸的情感故事，并以此作为自身写作的根本。笛福创作的《鲁滨逊漂流记》主要是讲解自己的真实生活，因此该小说好比冬天在温暖的火炉边听一个和蔼可亲的有故事的老人在讲故事一般。虽然故事有点啰唆，但是读起来好比一缕清风，显得无比真实。如在作品中出现的养羊、种地等一些平常的事情都被作者描写得栩栩如生、活灵活现，每个动作和表情都非常到位。笛福创作的《鲁滨逊漂流记》中的故事按常理来说是完全脱离现实的、离奇的、惊险的，然而通过小说中一位聪明、做事小心、追求实际的鲁滨逊的角色，使用直白的语言叙述故事，给读者带来身临其境的感觉，迅速进入到作者创造的艺术天地。

在作品中，作者没有展现出过多的哲学思考，没有探讨人性和灵魂，充斥在小说中的全是现实、财产和如何生存等现实中人们必须面对的问题，因此笛福创作的《鲁滨逊漂流记》获得了真实再现的效果。

（二）逼真地再现细节描述

《鲁滨逊漂流记》中到处能够看到精彩绝伦的细节描写，这也是该部作品中最显著的艺术成就，而真实性的创作思想也成为最直观的创作体现。小说中记录了事情发生的地点和时间等信息，是按照航海日记的格式进行记录的。记录尽量多的详细信息，有助于读者在阅读时能够与现实中自己的生活做比照，由此创建一个逼真的、清楚的空间。

作品中对每件事物和事情发生的过程都采取记录现实生活中的方式进行详细的记录，每一件事情发生的因果关系，事物的大小比例，每一次生意的收入、盈利、亏损等哪怕是最微小的事情都不厌其烦地进行描述。因此小说中不仅发生的故事具有极大的吸引力，就连生动活泼、活灵活现的描述方式也成为读者喜爱的内容。如在描述"星期五"时就使用了很多精彩的描写，他非常缓慢地向前走，并在每10步的地方下跪，头紧贴着大地，亲吻着大地，并将他的头放在"我"的脚下，好像在宣誓要一生作为"我"的奴隶，"星期五"屈服于鲁滨逊，给读者的感觉是那么的形象逼真；还有，"星期五"将枪视为神物，经常能看到"星期五"一个人自言自语地跟它说话，好像枪能够回答他一样，对"星期五"语言工作的描写都是对当时野蛮人对文明人的说话方式的真实再现；还描写到"星期五"与逃脱死神魔掌的父亲相遇后，他在小船上一会儿跳上一会儿跳下，反反复复很多次，但每次上船后都会在父亲的身边坐下，并将父亲的头紧紧地贴着自己裸露的胸膛，每次都长达 30 分钟，接下来还会不停地按摩父亲被捆绑的有些麻木的双手和脚。这些抒情的描写以及这种突破种族观念、阶级地位等回报的情感更加吸引读者。上述对"星期五"的精彩描写都是清楚的、近距离的描写，因此使得《鲁滨逊漂流记》这部小说更加真实有趣。

二、资本主义扩展殖民思想的显现

小说的主人公鲁滨逊出身于资本中产阶级家庭，这个层面的人们主要通过自己的奋斗才能保留自己在阶级中的位置，而没巨额遗产可以继承。鲁滨逊身上显露出了许多近代殖民主义扩展殖民地时使用的方法，如使用圈地、传播宗教、科技引入、创建契约等，这些都是资本主义意识的显露，在鲁滨逊的内心深处推动着他对外面的环境进行支配和改造，以此获得更多的精神财富和物质财富。历史中的殖民形式可以分为四类：土地上、技术上、经济上、文化上。

《鲁滨逊漂流记》中的殖民形式凸显的是经济上的，包含占有土地和经济贸易。鲁滨逊在荒无人烟的岛上进行殖民行为，使其最终建立了殖民者的位置，这也反映出帝国主义扩展殖民地的过程。殖民主义的思想和态度在该作品中经常能够看到，小说中曾这样描写：世界上好的东西对于西方资产阶级来说只有拿来用的用处，没有其他的好处。对鲁滨逊的描写经常带着高兴的心情，因为他感觉自己像一个国王。"星期五"与鲁滨逊的关系其实很复杂，并没有表面上那么的简单。为了与"星期五"进行交流，他教"星期五"学英文，而所教的第一个词语就是"主人"，他甚至花费 3 年的时间促使"星期五"成为一个虔诚的基督教徒，这些都展现出资本家使用宗教化对奴役的人们的教化好比传教士。倘若说主人公想要在荒岛上创建自己的殖民地，那他有这种思想也是在他救了"星期五"之后。可以说"星期五"是鲁滨逊从早期的劳动者、资本家向殖民者转变的导火索，也可以这样说，对殖民地一旦实现政治上和经济上的殖民思想后，下一个殖民点便转到文化上，从而使殖民地居民实现精神上的殖民。"星期五"受到鲁滨逊长时间的文化殖民后，渐渐放弃了原有的信仰和语言，从精神上担当自己奴仆的角色。早期资本主义进行殖民的过程与作品中主人公的探险历程相同，因此"星期五"与他的关系也可以理解为资本关系，鲁滨逊也从劳动者变成了殖民者，最后他也有展现出资产阶级的特点，即能进行奴隶买卖。而在作者看来，进行奴隶买卖仅是给自己带来可观的利益，不应该有罪恶的心理。

三、主人公的生态观点

首先，对自然心生害怕。鲁滨逊流落荒岛的前期，对这里的环境很陌生，继而对陌生的、没有人烟的环境心生畏惧。因为自己害怕，他曾像疯子一样在荒岛上奔跑，正是因为自己害怕面临死亡，所以选择疯跑。他的害怕也在岛上显现出来，这里没有食物，没有淡水，就连天气都非常炎热，有时也会狂风暴雨，更可怕的是还有野兽。种种现象对鲁滨逊来说都是畏惧的，面对广阔的大自然，他是何等的弱小和无助。鲁滨逊在狂风暴雨的时候躲在山洞中呻吟，好像在向自然祈求怜悯。虽然对岛上的生活充满畏惧，然而大自然并没有同情他，致使他开始对荒岛的形容是这样的：这个荒岛是一个可怕的、充满死亡气息的岛屿，也给予它绝望之岛的称号，在这个岛屿上没有食物，也没有可以喝的水，在这样恶劣的环境中，他生病了，他认为自己是个可怜的人。在恶劣的环境中生病是再正常不过的了，但是鲁滨逊却不这样认为，他理解为这是上帝的惩罚。他如果没有出海，此时的他可能正享受着中产阶级的生活，而实际情况是自己将要饿死在荒岛上。但是后来他痊愈了，幸运地生存了下来，从此他便花更多的时间来观察荒岛。

其次，主人公与自然之间和谐的关系。流落荒岛的鲁滨逊经过考虑后最后选择一个石洞作为房子，因为这个比较安全，他还在里面弄了一些桌子。后来到他出事的船上找来宝贵的枪支和弹药，还有一本《圣经》和生活必需品，就这样将前面艰苦的生活度过。后来主人公就在荒岛上走动，逐渐知道岛上的各种情况，也发现了一些食物，如稻谷、小麦、葡萄等，随后种植这些食物，并在后来学会了收割小麦。这样的尝试也不是一次就成功的，但是他每次都从失败中总结经验，并细心观察，最后终于掌握了种植小麦的秘诀，也学会了收割。鲁滨逊在岛上的生活也逐渐变得舒心，而了解这里的环境并适应是他想要的，因此他对孤岛的生活不再害怕。一天，他在岛上走动的时候看到了受伤的小羊，他给小羊治疗并给它吃的，也想到倘若以后不能打到其他猎物就有羊肉可吃，在后来的生活中，他陆续发现了乌龟和乌龟蛋，并自己掌握了保存葡萄的办法。这样，他就能吃到丰盛的三餐。再后来，他还抓了两只鹦鹉陪伴自己，常常与小昆虫对话，他的生活除了没有同伴外其他的都比较自在。在渐渐熟悉岛屿后，他也渐渐融入自然环境中，享受自然给予他的，也开始了愉快、惬意的生活。鲁滨逊在荒岛上的生活展现出最真实的自己，脱掉了人类虚荣的伪装，也逐渐发现人类世界存在的各种险恶和残忍的一面，相比较而言，荒岛的生活比较单纯，正是这种单纯的生活使得主人公更加喜爱大自然。

四、结语

《鲁滨逊漂流记》是以现实中真实发生的航海事件为素材，被评为现实主义的经典小说。他将当时英国时期上升的资产阶级具有的精神形象真实再现，不仅在文学评论界，也在普通读者中引起热烈的反响。小说中塑造的资产阶级在上升时期内表现出了冒险精神和追求财富的思想，也对其具有的进取精神加以赞扬。笛福创造的主人公鲁滨逊是一个热爱劳动、思想坚定、心态乐观、吃苦耐劳的形象，也具有较深的寓意，在鲁滨逊的身上展现了人类全部的优秀品质，该角色的创作已经突破种族观念、阶级地位，也已超越了现实生活中人所面临的灾难。

笛福在写作中选择的体裁也接近实际生活，发扬人性，将一个个血肉之躯通过简单通俗的语言展现得栩栩如生。作者开创了一种新的写作手法，将一些虚构的故事情节用生动形象的细节展现得更具有真实性，将读者带入小说的世界。

【作品来源】

发表于《短篇小说（原创版）》2014年第28期。

《鲁滨逊漂流记》中鲁滨逊人物形象浅析

何丽娜

导　读

　　《鲁滨逊漂流记》是英国作家笛福的代表作品，这部作品创作于启蒙运动初期，是英国资产阶级上升时期的一部现实主义文学作品。鲁滨逊这一人物形象，是英国社会、文化与政治形势下的必然产物，作品以其出色的人物形象刻画手法，深受英国乃至世界读者的喜爱。

　　《鲁滨逊漂流记》创作于启蒙运动初期，是英国现实主义小说的开山之作。启蒙运动是在思想界、文化界兴起的一场声势浩大的革命，在这种运动中，资产阶级作为英国的新兴贵族开始在社会中占有重要地位。处于上升阶级的英国资产阶级，倡导理性、人权，反对君主专制，要求自身地位在政治、文化与经济领域全方位的提高。笛福作为资产阶级的一分子，他希望通过自己的文学作品，将其所在阶级的进取精神、开拓精神表现出来，以此来歌颂新兴贵族。

一、十足的冒险精神

　　鲁滨逊是中产阶级的一分子，家里生活富裕安定，但这在鲁滨逊看来却是平庸、没有生气的，他幻想有一天自己能够自由自在地生活。因此，他萌生了冒险的想法。鲁滨逊曾先后四次从家里逃走，他不顾父母的反对，只乘着一艘船就开始了自己去大海旅行的生活，但是他并不顺利。在前两次出海时，因为海上风浪太大，又遇到了恶劣的天气，他几乎丢了性命，连船也没有了。

但是这并没有阻挡他去冒险的念头，他又开始了第三次出海，这一次老天算是眷顾他，他没有遇上恶劣的天气，也没有遇到风暴，但是他却被摩尔人海盗攻击了，他甚至成为摩尔人的奴隶。而后鲁滨逊凭借着自己的聪明才智逃到了巴西，并在那里建立了自己的社会制度，生活开始顺利起来。可具有十足冒险精神的鲁滨逊，却没有停止他冒险的脚步，而是第四次离开了安逸的生活居住地，与他人一同做起了奴隶贸易的生意。从他先后几次的出逃，我们能够看出，安逸的生活现状是主要原因，他无法忍受没有激情的生活，因而他一次次出海航行，在冒险的生活里他才是最快乐的。

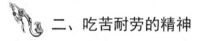

二、吃苦耐劳的精神

鲁滨逊在第四次出海航行时，他与别人一起到非洲去做奴隶贸易生意，这样的生意是存在很大的危险的，但是鲁滨逊并没有因此而畏惧。在去往非洲的船只上，他与同伴遭遇了恶劣的天气环境。同伴不幸遇难，只剩下他一个人。他流落到南美洲附近，那里环境恶劣、没有人烟，就连最基本的饮水都不能得到满足，他的生命受到了威胁。但是鲁滨逊有着强烈的吃苦耐劳的精神，他用自己惊人的意志活了下来：没有住的地方，就自己建；没有吃的东西，他就想方设法去打猎、采摘植物果腹；没有日常生活所需要的器皿与工具，他就自己想尽一切办法去弄。他就这样在岛上生活了二十多年，面对艰苦的生活条件，他没有畏惧，而是凭借着自己吃苦耐劳的精神，一步一步地建立了自己的王国。

三、资产阶级形象

启蒙运动初期，英国的资本主义工商业有了大跨步的进步，进而英国开始了旷日持久的圈地运动。圈地运动是资产阶级为了扩大土地，而实行的一种开拓方式，大面积的平民百姓没有生存的土地；在国内的发展与力量扩大之后，英国资产阶级开始了高猛的海外掠夺与殖民扩张。

《鲁滨逊漂流记》中的鲁滨逊，就是一位典型的资产阶级形象。显然笛福在对鲁滨逊进行描写时，他将创新精神、开拓精神、冒险精神赋予鲁滨逊，从而将一些资产阶级的劣根性隐藏了起来。在小说中，我们可以发现，鲁滨逊不满足于家里中产阶级生活的平庸、物质化，但是当他第四次航海时，他的目标却是与人合伙做奴隶买卖的生意，他为了积累财富而不择手段，这一点在英国资本主义上升时期是最为典型的特征。笛福想通过这部小说表达英国的这一历史发展潮流，但他把侧重点放到了鲁滨逊在进行财富积累时的进取精神、创新精神与吃苦耐劳精神等方面，以起到对资产阶级美化的效果。因而，从本质上来说，鲁滨逊是英国资产阶级的形象代表，是英国新兴贵族阶级在文学领域的表现。

四、对财富积累的强烈欲望

《鲁滨逊漂流记》中的鲁滨逊，就是这样一位资产阶级的人物形象。其家庭处于中产阶级，他不甘于家里生活的平庸，而不顾父母与亲人的阻拦，先后几次出海。虽然在出海过程中，他受到自然与非自然因素的阻碍，但是他从没有放慢脚步，而是一直在马不停蹄地向前努力。导致鲁滨逊一直奋发努力的原因大致有两个：第一，他想去外面的世界冒险，过一种自由自在的生活；第二，也是最为重要的一个原因，他想通过这种冒险的方式去积累财富，从而改变家里平庸的生活现状。作者在对他第二个原因的描述中，并没有直接描述出来，而是通过他的进取、向上等美好的精神情操侧面展现出来的。

鲁滨逊在前两次出海过程中，并不顺利，父母劝其回家安安分分地接家里的产业，但是他却没有这样做，而是又一次出海了。当他第三次出海时，遇到了摩尔强盗的攻击，他为了生活不得不沦落为奴隶。当他想方设法逃到巴西之后，他资产阶级疯狂的财富积累的本性便暴露了出来，他在那里建立起了自己的种植园，也开始有自己的奴隶，并大量地占有了土地。这样的生活现状，他并没有满足，疯狂的扩张欲望、财富积累的欲望，使得他又一次踏上了出海的航船。

这一次出海，鲁滨逊是想与人一起做奴隶贩卖的生意，但是在去往非洲的路上，他的合伙人却遇到了海难去世了，他一个人侥幸活了下来，却被海浪带到一个荒无人烟的小岛上。这个荒岛依旧一无所有，鲁滨逊在自己强烈的积累财富欲望的指引之下，毅然在这个岛上生活了下来。在那里鲁滨逊并没有丢掉自己资产阶级的思想，他用他所在阶级的文化与武器征服了当地的土著印第安人，并以自己的意志在岛上建立了社会关系，当然这也是一种资产阶级社会关系的移植。从这个角度上看，鲁滨逊之所以一次又一次地去冒险，其中有一小部分原因，是他对自由生活的向往与追求，但最大的原因，却是他资产阶级对财富积累的疯狂欲望使然。

五、知恩图报的美好本性

鲁滨逊的一生极其坎坷，他无数次在生与死的边缘挣扎，一次又一次落入险境，但是他从来没有被打倒，而是坚强地走了出来，最后成为一名有金钱又有地位的成功者。

值得庆幸的是，鲁滨逊有了金钱、地位，但是他却没有因此而自傲，而是首先想到了报答那些曾经帮助过他的人。当他拥有了金钱与地位之后，他想要去报答他的恩人——一位好心的老船长。对于老船长曾对他的帮助，鲁滨逊十分感激地说："我做的第一件事，是报答我最初的恩人，那位好心的老船长，我落难时，他有恩于我，对我十分厚道，临到末了，还诚心为我……"那位在他落入困难境地时，对他伸出援助之手的人，鲁滨逊认为除了万能的上帝以外，要数老船长对他的恩德最大了，因而"如今轮到我了，我要千万倍地报答他"。

鲁滨逊先是替老船长还了借别人的一百多摩伊多，然后又找来一位公证人，来保证老人不再受到要债者的讨债。之后，鲁滨逊又把自己名下的那片种植园授权给了老人，让他来进行管理，这样就解决了老人的生计问题。此外，鲁滨逊还指定人与老人一起经营，一年所得的年息都归老人所有，等等。当这些都做完之后，鲁滨逊仍旧觉得自己报答的恩情实在是太薄了，他还决定每年给老人一百多摩伊多作为年金，用于他的吃穿花销；就连老人过世之后的事情，鲁滨逊都想到了，每年仍旧要给其儿子五十个摩伊多，直到他的儿子离世。鲁滨逊的身上虽然有资产阶级的弊病，但是他人性中的善良也一目了然，对于任何一位帮助过他的人，他都会知恩图报，这是他性格中的美好本性使然。

综上所述，《鲁滨逊漂流记》中的鲁滨逊这一人物形象，是典型的英国资产阶级的代表，他有着强烈的财富积累的欲望，甚至会为了这一目的而不择手段；但同时他身上也有很多优秀的性格，如敢于开拓的精神、吃苦耐劳的精神与知恩图报的美好本性，等等。因此，对一个文学人物进行评价时，我们应从多方面来考察，而不能偏颇，对于好的方面、坏的方面都应理性地认识到，这才是对人物形象正确的研究方式。

作品来源

发表于《边疆经济与文化》2015 年第 2 期。

《鲁滨逊漂流记》中"星期五"存在意义解读

王春平

导　读

　　"星期五"在《鲁滨逊漂流记》一书中虽然只是一个"小人物"，却体现了"大内容"。文章从"星期五"这一角色出发，解读《鲁滨逊漂流记》一书中的种族歧视、人的社会性、殖民主义、宗教文化殖民、语言的重要性，从而揭示出"星期五"在小说中存在的意义。

　　丹尼尔·笛福（1660—1731）被誉为"英国与欧洲小说之父"。他的小说《鲁滨逊漂流记》一直被视作描写航海历险传奇故事的经典之作。数百年后的今天，这部小说仍然脍炙人口，对其进行研究也必定很有价值。目前为止，国内有很多学者从殖民主义角度、宗教角度、价值观角度、艺术形象角度对鲁滨逊这一人物进行剖析，也有很多学者从宏观上，如西方乌托邦思想、后殖民主义等角度对《鲁滨逊漂流记》进行解读。但目前除周庭华、魏文（2005）曾从民族文化身份丧失的角度解读过"星期五"，尚未有其他作者对书中的"星期五"这一角色进行过剖析。我认为，"星期五"在书中虽然只是一个"小人物"，却体现了"大内容"。本文拟从"星期五"这一角色出发，解读书中的种族歧视、人的社会性、殖民主义、宗教文化殖民、语言的重要性，从而揭示出"星期五"在《鲁滨逊漂流记》一书中存在的意义。

一、"星期五"身上折射出的种族歧视

　　作为鲁滨逊的奴隶，"星期五"是黑色皮肤，这绝非偶然现象，其折射

出作者笛福及欧洲白人社会中普遍存在的种族歧视观念。在鲁滨逊救"星期五"一章中，具体描写了"星期五"对象征现代文明的火枪的惊恐、敬畏、崇拜的表情和举动，深深暴露出在殖民者眼里，土著居民是蛮夷，是未教化的种族，是注定受人鄙视的，欧洲殖民者可以高高在上地教他们很多东西[①]。鲁滨逊对落后、野蛮的土著人"星期五"进行教化，让"星期五"改掉吃人肉的习惯，教他学英语和信仰上帝，而他所教的第一个单词便是体现屈辱不平等关系的"主人"，这充分彰显出作者及西方白人作为文明种族的优越感及其对黑色人种"星期五"的种族歧视。

种族歧视长久存在，影响范围很广，连受歧视的人也在不知不觉中接受了其观点，从白人至上主义者的立场出发看待自己的部族。《鲁滨逊漂流记》一书中，"星期五"作为土著人更熟悉荒岛情况，因而时不时地在劳动合作过程中支使鲁滨逊。为了共同的目的——在荒岛上生存下去，出现这种现象自然而然，双方都没有觉得有什么不妥。然而一旦返回文明社会，"星期五"却不得不回到唯命是从、恭敬有礼的奴仆位置。此时鲁滨逊对"星期五"身份的转换觉得自然而然，全然一副主人形象，任意对"星期五"进行使唤。

二、"星期五"身上折射出的人的社会性

对于人类的自我认识问题，从柏拉图的"人是长着两条腿的没有羽毛的动物"，到马克思的"人的本质并不是单个人所固有的抽象物。在其现实性上，它是一切社会关系的总和"，人类经历了漫长而又艰难的思考过程。马克思对这一问题科学而又精辟的诠释，使我们认识到：人，作为一切社会关系的载体，必然会具备一种非常重要的属性——社会性[②]。

在《鲁滨逊漂流记》中，鲁滨逊厌倦了家中宁静的生活，决意成为一名海员，志在环游世界。一次在去非洲航海途中，船遇到风暴，全船人都沉入海中，他却幸存下来。他只身一人漂流到一个无人的荒岛上，开始了

---

① 陈岚:《〈鲁滨逊漂流记〉与后殖民主义》，长沙铁道学院学报，2004（4）。
② 王军，李茂军:《浅析人的社会性》，陕西青年管理干部学院学报，2001（1）。

一段与世隔绝的生活。他从吃人部落手中救出一名土著人,取名"星期五",之后"星期五"成了他在岛上唯一的,也是最忠实的朋友。由于"星期五"的出现,鲁滨逊不再孤独。两个人一起在这座孤岛上劳作生活,形成了一个迷你型社会。这表明虽然鲁滨逊一开始厌倦家中宁静的生活,想要脱离社会,外出探险,但当他真的阴差阳错流落到荒岛上,如愿以偿地处于社会之外时,却盼望有人陪伴。他不断努力寻找过往船只,希望早日摆脱孤岛重返人类社会,这充分彰显了人的社会性。"星期五"的出现在一定程度上满足了他对回归社会的渴望,也是支撑他在荒岛上这么多年的一个重要原因。两个人的社会虽然小,但不管怎样说,毕竟也是一个社会。亚里士多德有句名言:"能够不在社会里生存的人,不是野兽就是神明。"鲁迅也说过,一个人要想脱离社会,就好比揪着自己的头发想使双脚离开地面一样,是根本不可能的。所以,个人不能不依赖于他人而存在和发展,不能脱离社会。因此,"星期五"的出现从社会学角度来说是对鲁滨逊的一种救赎,否则难保多年之后鲁滨逊不会变为"野兽",当然能否顺利回归人类社会随之变得不再可知。

三、"星期五"身上折射出的殖民主义

鲁滨逊是一个真正的殖民主义者。他是因为要到非洲贩卖黑奴才离开巴西的,所以说在来到荒岛之前他就是一个殖民者。他来到这个荒岛之后,看着岛上的万物,踌躇满志地说:"这一切都是我的。"在开发占有这个荒岛的过程中,他宣称自己是这块领土的领主,他想要像英国的领主一样,把它传给子孙后代。鲁滨逊用欧洲的先进武器解救了险些遭到杀戮的"星期五"。"星期五"对于"我"和"我"的那支威力无穷的火枪敬畏至深,甘愿为奴[①]。他用基督教的《圣经》"开化"他,新式武器和基督教文化正是当时殖民者用来征服殖民地人民的物质武器和精神武器。"星期五"被文明人开化了,同时成了文明人的奴隶。后来鲁滨逊与土著人打仗,救了"星期五"的父亲和一个西班牙人。于是他的"臣民"从"星期五"一个

---

① 闫爱静,刘建辉:《〈鲁滨逊漂流记〉与殖民主义》,白城师范学院学报,2003(3)。

扩展到三个。他满意地说："我这个岛上已经有居民，我觉得我已经有了不少的百姓了。我不断地带着一种高兴的心情想到我多么像一个国王。"这时候的荒岛已经是一个国家的缩影。而这个国家的性质，正如鲁滨逊所说："第一，全岛都是我个人的财产，因此我具有一种毫无异议的领土权。第二，我的百姓都完全服从我：我是他们的全权统治者和立法者。"后来，当一只英国船来到这个岛，鲁滨逊以"总督"的身份出现，并提出了帮助船长制服叛变水手的重要前提条件："第一，在你们留在这个岛上的一段时间内，你们决不能侵犯我在这里的主权……同时必须完全接受我的管制……"从鲁滨逊对落后民族的态度上、对领土的占有观念上看，他就是个地地道道的殖民主义者，而这种殖民主义倾向在"星期五"身上得到了充分体现。

四、"星期五"身上折射出的宗教、文化殖民

"星期五"被鲁滨逊解救后，感激地匍匐在鲁滨逊脚下甘愿为奴。而"星期五"失去的将不仅仅是自由，他还将受到殖民者的文化、宗教改造，遭遇文化殖民。在对"星期五"的生活方式进行改造之后，鲁滨逊对"星期五"进行了更深层次的改造，迫使"星期五"接受自己的语言和宗教，使他皈依基督教，成为一个"文明人"。

在论及知识话语的权力性和控制性时，法国思想家福柯指出："所有门类的知识的发展都与权力的实施密不可分。"即一切知识都是权力形式，对思想的控制不是简单的某一个人或统治阶级的无端意志的体现，而是一种以知识为内因的权力形式。不同的宗教是不同文化的表现形式，反映出不同的文化特色。马克思曾说："我们不把世俗问题化为神学问题。我们要把神学问题化为世俗问题。"[1]宗教在这里成了文化的载体。"后殖民话语是殖民者的语言和瓦那华对殖民地文化和语言进行的播撒和渗透，这使得被殖民地的土著不得不以殖民者的话语方式来确认自我的'身份'，而在自己的黑色皮肤上带上白色人的面具，这样，在一种扭曲的文化氛围中，完成了心理、精神和现实世界的被殖民过程。从而，使被压迫者与压迫者之

---

① 马克思恩格斯:《马克思恩格斯全集（第1卷）》，人民出版社，1956。

间的对立关系，转化为文化的渗透与认同关系。这可以说使被殖民者将外在的强迫性变成了内在的自觉性，从而抹平所谓的文化差异，而追逐宗主国的文化价值标准，使得文化殖民成为可能。"[①]从"星期五"身上我们可以看到一个宗教、文化殖民的手段、过程及结果的缩影，明白领土殖民和宗教、文化殖民是密不可分的。宗教、文化殖民是领土殖民的工具，巩固领土殖民的成果，同时，领土殖民又为宗教、文化殖民提供了前提条件。

五、"星期五"身上折射出的语言的重要性

"星期五"身上折射出的语言的重要性体现在两个方面：一方面体现在鲁滨逊通过和"星期五"沟通交流而保持了语言表达能力上，另一方面体现在鲁滨逊积极主动地教"星期五"学习英语上。语言能刺激一个人的思维。鲁滨逊多年生活在孤岛上却并未丧失语言功能，很大一部分原因要归功于和"星期五"的交流。通过和"星期五"的语言沟通，鲁滨逊的思维得到持续性锻炼，所以多年后当他成功离岛时仍然能像正常人一样，语言功能几乎丝毫未受到影响。鲁滨逊在对"星期五"的生活方式进行改造之后，急切地对"星期五"进行更深层次的改造，迫使"星期五"接受自己的语言。这种行为很大方面是出于语言重要性的刺激。语言的交往功能、施为功能刺激着鲁滨逊教"星期五"学习英语。因为"星期五"只有掌握了鲁滨逊的语言之后才能更好地服从他的命令，更好地与他进行信息交流。语言的重要性从"星期五"身上得到了很好的折射。

六、结语

《鲁滨逊漂流记》出版已近300年，殖民主义在20世纪中叶也已基本寿终正寝，但殖民主义话语体系并未全然消失：种族歧视现象还很严重；宗教文化渗透现象也从未停息；人与社会的联系更加紧密，人的社会性表征越发明显。"星期五"存在意义的解读对于激励弱势地位种族提高经济地位，

---

① 王岳川:《后殖民主义与新历史主义文论》，山东教育出版社，1999。

珍视和维护其文化、宗教起到了一定的警示作用，对于人们更好地了解人类的社会性也给予了一定启迪。从"星期五"身上我们还看到了语言在消除文化隔阂、成功实现沟通交流方面的重要性，这对于涉外来往具有重要的指导意义。

作品来源

发表于《考试周刊》2013年第86期。

笛福与鲁滨逊形象的塑造

马 菡

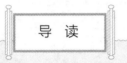

导 读

重新解读《鲁滨逊漂流记》中主人公鲁滨逊的形象，对其拓殖者形象进行溯源，揭示作者笛福个人的思想观念对该人物形象塑造的决定性意义。

一、前言

《鲁滨逊漂流记》是英国现实主义作家笛福的成名作，也被视为英国现实主义小说的开山之作。小说取材于 18 世纪英格兰本土的一个真实事件，经过笛福精心的艺术加工，成为闻名世界的杰作。作品的成功主要因其塑造了鲁滨逊这个不朽的人物形象，表达了那个历史时期的时代精神[①]。从一定意义上看，在鲁滨逊这个典型的新兴资产阶级身上，笛福倾注了自己的思想、情绪和理想，使主题思想具有了鲜明的倾向性。

二、鲁滨逊之资产阶级拓殖者形象

鲁滨逊作为一个成功的艺术形象，反映了特定历史时期——上升时期，资产阶级的思想感情和他们的阶级本质，恩格斯曾概括这个人物为"一个真正的资产者"[②]。鲁滨逊具有新兴资产者的一切优良品质：勇于冒险，敢于

① 李维屏：《英国小说艺术史》，上海外语教育出版社，2003。
② 恩格斯：《致卡尔·考茨基》，《马克思恩格斯全集》，第 211 页。

拼搏，积极奋斗。与封建主义代表的循规蹈矩、懒惰萎靡相比，他全面表现出资本主义初期，资产阶级乐观自信、积极进取向上的一面。他唾弃庸庸碌碌的平凡生活，热切地向往着新世界。对生活的热情和对未来的满腔抱负推动着他不断地追求，置父亲的训诫于不顾，只身闯荡伦敦，冒险独自去非洲经商。成为庄园主后，他仍然不满足于现状，两次、三次出海到未经开拓的西非，最终在第三次出海时遇难，逃生、漂流到了一个荒岛上。

他对传统世俗约束的否定，对个人自由的向往和追求，以及他对开辟新天地的胆识和气概，正是新兴资产阶级典型特征之一。同时，鲁滨逊还向世人展示了一个实干主义资产者的形象。如小说所描写的，商船失事后鲁滨逊漂流到荒岛上，为了解决个人的生存问题，他先后往返失事船只和荒岛四十多次，把船上有用的东西都统统搬到岛上。然后开始搭帐篷、竖栅栏、开山洞，修建住所；开始渔猎、耕作，经营生活。甚至在面对地震、干旱等数不尽的困难时，他凭借"不成功绝不放手"的顽强意志和坚忍不拔的实干精神，用自己的双手改变了荒岛的面貌，做出了奇迹般的成绩。实干家鲁滨逊的性格集中反映了新兴资产阶级坚忍不拔、勇于创造的精神。尽管鲁滨逊具有冒险家的勇往直前、百折不挠和实干家的顽强坚毅、热爱劳动等动人品质、性格，然而资产阶级的终极目的是离不开私有占有的，即使是上升时期的资产阶级也不例外。他终究是一个剥削者、殖民者。

在前往非洲经商时，鲁滨逊并不是一个守法、诚信的商人。在那里，他用一些假珠子、贝壳等小玩意欺骗当地土著人，骗取大量金沙、象牙等贵重物品；换取大批黑人充作种植园的廉价劳动力。甚至在他已经成为"几内亚商人"回到伦敦，又或多年后落户巴西，成为一个颇具规模的庄园主后，蒸蒸日上的庄园经营也不能使他满足，利益、利润仍然使他"不顾一切地往前冲"。他遇难那次西非之行，正是为了去做掠夺土著人的买卖。正如作者笛福谈到经商、谈到鲁滨逊这个角色所言："我们的目的是经商……我们的目的是赚钱……只要是达到目的，只要是对买卖有利……"的赚钱手段都是合法的，天经地义的①。小说对鲁滨逊荒岛生活的精彩描写更是将这一形象的殖民主义面貌表现得生动鲜明、淋漓尽致。他在荒岛上的斗争，他

---

① 丹尼尔·笛福：《英国商人手册》，《鲁滨逊飘流记》译序。

的坚忍不拔、勇于创造，不仅仅是为了个人的生存，更是为了占有岛上的一切，做其主宰者。搭乘的商船遇难，鲁滨逊逃生初登荒岛，当他站在山头眺望全岛时，第一反应竟把生与死抛在脑后，首先想到的是"这一切现在都是我的"，"我就是全岛的君王"。之后他一直把整个岛称作"我的小王国"，将其视作自己的领土。在得到"星期五"和他父亲以及落难的西班牙人以后，鲁滨逊更是视自己为"统治者"，管理着自己的"臣民"，并在离开荒岛时再三训诫他们："你们绝不能侵犯我在这里的主权……必须完全接受我的管制。"①鲁滨逊把资本主义那套社会关系带到了岛上，使原始荒岛的发展演变成一个新的殖民地。这恰恰反映出"岛主"鲁滨逊殖民主义者的真实形象。

在鲁滨逊和"星期五"的关系上，殖民主义者形象的本质更是集中体现出来。首先看看"星期五"的"成长历程"：鲁滨逊在一个星期五，用火枪搭救了一个土著人，他随即用那天给土著人起名字并收他为奴仆，这就是"星期五"。之后鲁滨逊开始用文明世界的东西开化他，教他学习文明世界的一切：首先是语言。语言的学习是对一个国家、地区或民族文化认同的标志。鲁滨逊教"星期五"学习英语，而学习的第一个词是"master"（主人）。其次是生活习惯。鲁滨逊教"星期五"学习使用火烹饪食物，进食熟食。再次是宗教信仰，它集中体现着文化道德的观念。他开始向"星期五"传授基督教教义，使他皈依基督。尽管因为"星期五"的劳动力价值和他的聪明善良，鲁滨逊对"星期五"是友好而仁慈的，但是这并没改变鲁滨逊和"星期五"之间的主仆关系，"星期五"终究只是奴隶。由此可见，在殖民统治这个根本立场上，鲁滨逊同一般殖民主义者是完全一致的。

三、鲁滨逊形象的根源———笛福的个人思想观念

《鲁滨逊漂流记》是笛福创作的第一部小说，鲁滨逊的形象灌注了他所有的心血。尽管事实上小说并不是一部自传，笛福本人也不是鲁滨逊，二

---

① 丹尼尔·笛福,盛世教育西方名著翻译委员会译:《鲁滨逊漂流记（中英对照全译本）》,2008。

者之间不能简单地画等号，但是小说的人物设置总是与创作者的个人经历和情感、心理等分不开的。笛福与鲁滨逊也不例外，他们之间有着紧密的联系，鲁滨逊的形象体现了作者笛福的思想意识和个人价值观念。正如小说的译者序言中所指出的那样："《鲁滨逊漂流记》确是与笛福的生活和思想密切相关的。笛福是自己阶级的代言人，鲁滨逊也就是按照他的理想创造出来的人物。"①

笛福本人即是位资产阶级商人，他从十三岁开始独立经商，游历欧洲，屡遭经商失败的挫折。他在五十九岁时才开始写作，取得一定成绩。到了晚年，笛福破产了，最后因避债客死异乡。笛福的个人经历和社会地位决定了他的思想倾向，也体现在他对鲁滨逊这个人物的塑造中。

笛福生活在资本主义蓬勃发展的 17、18 世纪的英国。作为全世界诞生的第一个资本主义国家，在那一时期，英国工业生产空前高涨，并在 18 世纪初开始对亚、美、非洲一些地区的殖民渗入，到 18 世纪中后期成为国际奴隶贩卖的中心。新兴的资产阶级正如日中天，热情饱满。他们勇于向海外拓展，于是英国的对外经济掠夺和海外殖民扩张也随之兴起和迅猛发展起来②。

笛福代表中小资产阶级的利益，作为新兴的、上升的阶级力量，他极力反对封建主义各种思想观念，特别是门第观念和等级制度。他在自己的其他著述中多次表达了这种见解：人的高低贵贱不应该取决于他的出身和门第，而应该取决于他对社会贡献的大小③。在小说中，我们看到鲁滨逊并没有把土著人统统看作顽劣之徒，而认为他们"也有同样的能力、同样的理性、同样的情感"。在对"星期五"的态度上我们可以看出端倪。鲁滨逊对"星期五"是友好而仁慈的，这不仅仅是因为"星期五"的劳动能力，也因为他的聪明善良。

这一层在鲁滨逊和少年黑人佐立的关系中也有所反映。他们一起从海盗那里逃出来，在患难中建立了友谊，因而鲁滨逊在出售佐立时和买主订立了十年后还其自由的契约。同时，作为新兴的、上升的资产阶级，笛福

---

①③　李晓卫：《元文化视野中的鲁滨逊形象》，甘肃社会科学，2006（2）:63—66。
②　王艳：《论〈鲁滨逊漂流记〉中主人公的形象塑造》，美与时代，2006（8）:84—85。

非常关注资本主义的发展，笛福身体力行实践资本主义并竭尽全力利用自己的作品鼓吹、发展资本主义。他认同贫穷是万恶之源，并认为物质利益是人类生存的首要意义，为物质利益进行利己斗争是人类生存的规则。因此，笛福虽然一方面关心劳动人民，主张给他们提供工作；另一方面，他又把劳动者视为生产物质财富的工具，对他们深受剥削觉得理所当然。进而对落后民族，他也在主张开化的同时支持奴隶贩卖，鼓吹殖民主义制度，以巩固资产阶级的地位和财富。这一思想在小说中体现在鲁滨逊身上，我们不难看到。从最初鲁滨逊利用一些假珠子、贝壳等小玩意欺骗非洲土著人，骗取大量金沙、象牙等贵重物品；到换取大批黑人充作种植园的廉价劳动力；再到后来他参与黑人奴隶的贩卖，以及他对待"星期五"和佐立的最终态度和决定，处处流露出创作者笛福的资产阶级剥削思想倾向。

鲁滨逊身上体现出笛福本人的个人经历，他的进取精神、他对政治经济的看法和观点和对物质财富的绝对认同和追逐。笛福正是按照自己的个人思想倾向和价值理念，顺应时代的精神和要求而精心塑造了鲁滨逊这个成功而典型的资产阶级拓殖者的人物形象。

作品来源

发表于《科教文汇（上旬刊）》2014年第9期。

《鲁滨逊漂流记》带来的启迪

段绍俊

导　读

《鲁滨逊漂流记》（*Robinson Crusoe*），又名《荒岛余生》，是英国作家丹尼尔·笛福根据一个真实故事创作出来的冒险故事，享有英国第一部现实主义长篇小说的头衔，为作者博得了"英国和欧洲小说之父"的美誉。根据同名小说改编而来的电影也赢得了观众的盛赞。本文主要探讨了《鲁滨逊漂流记》中传递出的三个观点：中庸之道、感恩之心和辩证观。

《鲁滨逊漂流记》是丹尼尔·笛福受当时一个真实故事的启发而创作的，被认为是第一本用英文以日记形式写成的小说，享有英国第一部现实主义长篇小说的头衔，为作者博得了"英国和欧洲小说之父"的美誉。这部小说一问世就风靡英国，情节真实具体、亲切自然。虽然鲁滨逊并非实有其人，但由于这部小说的关系，他已成为世界上家喻户晓的"名人"，其事迹常常被人引述，就如同真人真事一般。小说从出版至今，已出了几百版，几乎译成了世界上所有的文字。据说，除了《圣经》之外，《鲁滨逊漂流记》是出版最多的一本书。而由它改编而来的电影也受到了观众的喜爱。关于这本小说的解读已有很多的观点，其中最为流行的和大家一致认同的观点是：作品歌颂了资本主义原始积累时期冒险进取的精神，在歌颂人和自然界斗争的同时又极力美化殖民掠夺行为。鲁滨逊成为资产阶级企事业家的英雄典型。笔者拟从中庸、感恩和辩证这三个方面来谈作品中体现出的为人们所乐道的观点。

一、中庸之道

庞朴认为："中庸不仅是儒家学派的伦理学说，更是他们对待整个世界的一种看法，是他们处理事物的基本原则或方法论。"[①]有学者详细论述了中庸的含义，认为中庸不是平庸和放纵，不是日常的放松和失度，而是用更高的合于"礼"的要求来约束自己，使人不要去追求过多的外在物质附加物，不要对人生做太多的欲望贪婪的"加法"，不要往自己身上叠加过多的名誉、地位、财富，否则就会沉重、痛苦、烦恼、焦虑。真实的人生应该把握合适的"度"，在做生命的"减法"中得其本真之"度"—— 做事须不偏不倚，不去做"怪力乱神"之事，依循正常的生活规律去做。"中庸"启示人们戒贪、戒躁、戒欲、戒满。戒除之后，人才是真人，才会成为守节持中恒常有度的君子。[②]可见中庸告诫人们，要放弃一些东西，不要做加法，而要做减法。减法就是把自己心中想得到的一切物质的、欲望的、权利名誉的东西放开去掉。[③]

根据以上对中庸的理解，笔者发现《鲁滨逊漂流记》中也体现出了类似的观点。鲁滨逊的父亲是一个聪明而谨慎的人，当他预见到自己儿子的性格和想法可能导致其在将来的人生中遇到危险，并在几次争执无效后，为人父的他利用自己的人生经历和体会给儿子上了一堂寓意深刻的人生课。他告诫鲁滨逊道："从我长期的经验判断，上层社会和下层社会的人都会经受生活的不幸，而中间阶层是世界上最好的阶层。他们既不必为每日生计劳作，也不会因妒火攻心或利欲熏心而狂躁不安。中间阶层的人可以平静地度过一生，尽情地体味人生的甜美，不会经历任何的艰难困苦。"[④]鲁滨逊的父亲接着援引了两个例子来证实他的观点。第一个例子是关于来自皇宫的国王们。父亲认为国王们经常哀悼自己出生在富贵之家所带来的悲惨生活，他深信国王们从心里真诚地希望自己既不是出生在一个享受奢

---

① 庞朴:《庞朴文集（第四卷）》，山东大学出版社，2005。
②③ 王岳川:《〈中庸〉在中国思想史上的地位——〈大学〉〈中庸〉讲演录（之三）》，西南民族大学学报（人文社科版），2007。
④ 丹尼尔·笛福《鲁滨逊漂流记》，上海世界图书出版公司，2003。

侈生活的显赫之家，也不是出生在为了生计而四处奔波的贫苦之家，而是介于两者条件之间的一个家庭，即如他自己一样的中产阶级的家庭。第二个事例是鲁滨逊的哥哥。

父亲告诉鲁滨逊他曾经同样恳切地规劝过他的大哥不要去佛兰德打仗，但他的大哥没有听从父亲的劝告，决意去部队服役，结果在战场上丢掉了性命。因而，鲁滨逊应该引以为戒，不要再步哥哥的后尘，而应该打消出去冒险的荒谬想法，老实地待在家里、继承父业，按照父亲给他规划的人生生活。在此，我们虽然觉得鲁滨逊的父亲的观点有点专断、消极，但是却体现出了我们中国人所倡导的中庸的观点：不要去追求过多的外在物质附加物，不要对人生做太多的欲望贪婪的"加法"，不要往自己身上叠加过多的名誉、地位、财富，否则就会沉重、痛苦、烦恼、焦虑。

二、感恩的心

所谓感恩，就是对他人、社会和自然给予自己的恩惠和方便在心里产生认可，并希望回馈的一种认识、一种情怀和行为。[①]中国自古以来就是一个善于感恩的民族。关于感恩的名言警句层出不穷，如"谁言寸草心，报得三春晖""春蚕到死丝方尽，蜡炬成灰泪始干""滴水之恩，当涌泉相报"等，分别道出了对父母、对老师和对社会或恩人的感恩之心。可当今社会，随着经济发展、物质进步，在凡事都讲求一个"利"字的今天，人们越发看重个人利益，加之生活压力、工作压力，人与人之间的心理距离似乎就变得越来越大，人与人之间的关系也随之越来越冷漠，人们的感恩意识也逐渐缺失，从而引发了大量的不良事件，如众所周知的马加爵事件、丛飞事件以及社会生活中存在的大量不赡养老人的事例和对社会环境的肆意破坏现象。论及此，笔者认为《鲁滨逊漂流记》中主人翁对上帝、对曾经施与他恩惠的人以及身边的亲人的感恩之心值得我们学习和借鉴。

第一，鲁滨逊和他的船员为购买黑奴在去几内亚的航程途中遭遇到了

---

① 梁勤儒，王燕芳，陈昌龄：《感恩教育：高校思想政治工作必须直面的课题》，黑龙江高教研究，2006（04）。

飓风和风暴的袭击。在与自然做斗争后，他的同伴们全都葬身大海之中，只有他一个人幸存了下来。在奇迹面前，鲁滨逊在岸上狂乱地跑来跑去，高举双手，做出千百种古怪的姿势以表达他的激动之情和对上帝的感恩之心，因为在他无一线生还的境地，上帝令他绝处逢生。这样的境况他后来也多次遇到，他一次也没有忘记要衷心感谢上帝。第二，在荒岛上生活了五年后，每当他坐下来吃饭时，鲁滨逊总会在心里默默地感激上帝。他认为他此时的生活状况比起当初上岛时已有很大的改善，认为是上帝在旷野中为他设摆宴席。这使他学会了多看自己生活中的光明面，少看黑暗面；多想自己所得到的享受，少想自己所缺乏的东西。这种态度使他内心不再悲伤而是得到了安慰，以一种积极的态度去对待生活。第三，在重返英国后，鲁滨逊以实际行动表明了他对上帝、对恩人、对亲人的感恩之心。感恩行动之一：鲁滨逊委托他的恩人——慈爱的老船长作为他的种植园的年息管理人，并在委托书的最后一款说明老船长在世之日，每年可从他的收入中获得一百葡萄牙金币；在老人死后，其儿子每年可从中获得五十葡萄牙金币。感恩行动之二：鲁滨逊请一位在里斯本的商人写信给伦敦的关系人，请那个关系人替他把汇票兑换成现款，并同时把一百英镑的现款交给一位可怜的寡妇，其丈夫曾是他的第一位恩人。此外，他还要求关系人带话给那位夫人说只要他活在世上，以后还会接济她。感恩行动之三：鲁滨逊给他两个住在乡下的妹妹每人寄了一百英镑。感恩行动之四：鲁滨逊重访独岛，在岛上逗留了大约二十天，临走时，给岛上的人留下了各种日用必需品，特别是枪支弹药、衣服和工具以及他从英国带去的两个工人，一个木匠和一个铁匠。

三、辩证观

出自《淮南子·人间训》的《塞翁失马》在中国已是一个众所周知的关于辩证观的寓言故事。它阐述的是老子"祸兮福之所倚，福兮祸之所伏"的祸福倚伏观，即西方哲学中的矛盾的对立统一观。故事讲的是塞翁的马走失了，众人为其哀悼，而塞翁却没有很伤心。后来，当马回来了，而且还带回来了另一匹马，众人替其庆贺，而塞翁却没有很开心。之后，当塞翁的儿子骑马的时候摔断了腿，众人又替其哀悼，塞翁还是没有很伤心。最后，朝廷征兵，塞翁的儿子因为腿断了没有参军逃过了一劫。虽然人们对此故事深谙于心，可是在现实生活中却很少有人能按此观点行事，常常导致人们在挫折面前因看不清事物的本质而气馁、而悲观。《鲁滨逊漂流记》中，鲁滨逊对待挫折和不幸的态度同样值得我们加以学习和借鉴。当然，笔者在这里得指出一点，鲁滨逊并非一开始就是一个懂得利用辩证的观点来看待他所遭受的挫折和困境的、持有乐观积极态度的、敢于冒险的人。他曾经也在困难面前犹豫过、退缩过。但随着人生经历的丰富，他最终学会了用一分为二的辩证观来积极地看待生活、面对人生。

鲁滨逊的辩证观是：当人们遭遇不幸时，应当考虑到其中所包含的幸运的一面，同时也应当考虑到更坏的情况，这样才能更好地面对自己的处境。他的观点一方面体现了类似塞翁失马的事物的对立面相互转换的辩证观，另一方面也体现出了"生于忧患死于安乐"的进取观。这种观念很好地帮助他克服了最初的悲观绝望情绪，立即投入到征服大自然的斗争中。在他顽强不息地劳动与大自然做斗争的过程中，我们看到了他所表现出的惊人毅力：在荒无人烟的独岛上幸存了下来，进行了积极的荒岛家园的建设，没有饿死或被野兽吞噬。

最终，此观念帮助他在拯救了别人的性命后，也改变了自己的命运，回到了他日夜想念的人类社会。此方面与笔者上面第三方面探讨的内容密切联系，如上所述，鲁滨逊在荒岛上生活了五年后，每当他坐下来吃饭时，他总会在心里默默地感激上帝。他认为他此时的生活状况比起当初上岛时已有很大的改善，认为是上帝在旷野中为他设摆宴席。这使他学会了多看自己生活中的光明面，少看黑暗面；多想自己所得到的享受，少想自己所缺乏的东西。这种态度使他内心不再悲伤而是得到了安慰，以一种积极的态度去对待生活。在此，我们应该学鲁滨逊积极面对生活的态度，也用辩证的眼光来看待周围发生的一切，得到启示：我们总是愤世嫉俗、抱怨生活的残酷和不平的悲观做法不会给我们的生活带来任何的改观。相反，我们应该认识到正是残酷的生活使我们更加坚强与勇敢；生活带给我们很多挫折与磨难，同时也带给了我们宝贵的人生财富。所以我们应该感谢生活，感谢生活赋予我们的一切。

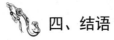

四、结语

德国大诗人歌德有句名言："读一本好书，就等于和一位高尚的人对话。"同理，人们阅读文学名著，就是在和一位文学大师对话。当笔者在阅读或观看由英国作家，18世纪英国现实主义小说的奠基人笛福的《鲁滨逊漂流记》时，就感同身受。虽然有学者对此小说持有负面的评价，认为书中塑造的鲁滨逊的形象是西方文学中第一个理想化的新兴资产者形象，鲁滨逊是个劳动者同时又是资产者和殖民者，因此具有剥削掠夺的本性，充分体现了作者自身的时代与阶级的局限性。但是，通过对此小说的阅读和观看，笔者却领悟到了文学大师的伟大之处：他传授人们为人处世的道理，告诉人们对待生活的态度，在物欲横流的当今现实生活中使人们受益无穷。

‖作品来源‖

发表于《电影文学》2010年第7期。

笛福的文本以及对殖民主义的批判

许克琪

导　读

　　本文试图通过对笛福笔下鲁滨逊不断变化的身份、鲁滨逊和"星期五"的关系、小岛的象征意义以及小说中描写的强奸、屠杀和暴力等情节的分析来重新解构《鲁滨逊漂流记》，并得出如下结论：《鲁滨逊漂流记》和许多其他文学作品一样能够被列入帝国文本，在对它的解读中，我们能够发现其中所折射出的殖民历史和殖民思想，同时现实世界也要求我们对《鲁滨逊漂流记》这样的经典文本进行彻底的后殖民重构。

　　长期以来，《鲁滨逊漂流记》被认为是一部浪漫主义的艺术作品，是一面折射社会现实的镜子。它反映了在那个时代英国社会的真实状况；它将英国新生阶级追逐财富、扩展殖民地的精神和激情形象化；它尤其颂扬了出身于中产阶级，勇敢并充满冒险精神的人们。然而，用后殖民视角来审视这部经典名著，人们不难发现作品通过描述对荒岛的殖民过程所充分折射出的帝国文化及殖民思想。本文将从以下几个方面来探讨作为帝国文本的这一经典作品。

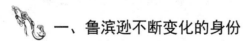

一、鲁滨逊不断变化的身份

　　主人翁鲁滨逊的身份变化贯穿着整部小说。因此首先对鲁滨逊的身份进行研究是非常必要的。这里提到的身份可以分为两个部分——"社会身份"和"自我身份"。根据帕特里克·霍根的理论，社会身份是指普通的、习以为常的或者确信的、肯定的行为，其中本人行为和其他个人的行为交织混杂在一起，包括合作者、邻居、朋友、家族中的其他成员的行为，等等；它是一个人经常做，知道怎样做，自动去做并且能与社会上的其他人协调共同完成的身份。然而，自我身份却是一个人感性地、概念地思考自己而做出的行为——个人的可视的自我形象和特性的感觉、思想及行动。换句话说，就是构成一个人的性格总和，即人们用来从身心两方面定义自己的一种特性和关系的结构。沿着鲁滨逊生命的轨迹，人们可以发现他始终在不断地改变他的经历、他的身份、他和小岛之间的关系。他的社会身份和自我身份都不是恒定的，而是不断变化的。他最初是一个混血儿，旅行中变成了一个流浪儿，成了他人的奴隶，而最终成为一个殖民地开拓者或者一个荒岛的主人。从某种意义上来说，鲁滨逊变化着的身份也象征着英国的历史，他的名字和身份都隐喻了一种混合的文化，象征着英国的起源。我们从小说的开始处能读出这点：

　　一六三二年，我生在约克市一个上流社会的家庭。我们不是本地人。父亲是德国不来梅市人。他移居英国后，先住在赫尔市，经商发家后就收了生意，最后搬到约克市定居，并在那儿娶了我母亲。母亲娘家姓鲁滨逊，是当地的一家名门望族，因而给我取名叫鲁滨逊·克罗伊茨内。由于英国人一读"克罗伊茨内"这个德国姓，发音就走样，结果大家就叫我们"克罗索"，以致连我们自己也这么叫，这么写了。所以，我的朋友们都叫我克罗索。

在这里以及小说的开头部分，笛福试图从鲁滨逊身上给出英国的起源。对他来说，英国不是一个单纯的、割裂的"国家"，而是一个和欧洲、美洲新大陆以及与非洲渐兴的奴隶贸易紧密相连的、集各种文化于一体的国家。一开始，笛福强调鲁滨逊的姓氏"克罗索"来自于德国，事实上，他是试图告诉读者德国人移民到英国的近代历史，鲁滨逊生来就是个外国人，由于母亲的身份他才成为英国人。文本的第一段，笛福以大写的"我"开篇，以小写的"我"结束，他试图借此来给出一个对自我身份变化的表述。之后，鲁滨逊不顾父母的忠告和建议，决定去几内亚进行贸易旅行。他沿着当时日益发达的大西洋奴隶贸易线路开始了自己的旅程。正是这个旅程在某种程度上使他沦为了一个"奴隶"，使他和原来的身份关系分离了。通过这种身份的变换，鲁滨逊表现出一种使自己快速适应于经济不断变化的国民形象。鲁滨逊向荒岛前进的每一步都加速自己在原来世界里身份和地位的消失，直到被冲到荒岛的海岸上，他完全脱离了原来的生活，从某种意义上来说这是在旧世界里死亡并获得重生。

鲁滨逊登上小岛的两年后开始了对荒岛的探察。在某些文学批评家的眼里，探察荒岛具有很强的象征性。根据精神分析理论，对荒岛的探察是殖民者的肉体和灵魂与小岛进行"结合"的一种行为。通过这次勘测，鲁滨逊从心理上希望将所占有的一切变成自己的一部分。然而，鲁滨逊从未完全占有过这座荒岛；每当他试图这么做时，却越加没有幸福感、安全感和占有感。这也象征了英国在其海外殖民的过程中，从未完全征服和统治殖民地和那儿的人民，最后以失败而告终。尽管鲁滨逊常常提及他在荒岛上的家——他的城堡和防御工事，但似乎是在自欺欺人以说服自己相信自己的权力。所以当发现海岸上裸露的脚印时，他便将自己的家描述成一个动物居住的兽穴而非一座城堡，这使他的身份又从贵族变成了流浪汉。

> 我跑到自己的城堡——以后我就这样称呼了——一下子就钻了进去，好像后面真的有人在追赶似的。至于我是按原来的想法，用梯子爬进去的呢，还是从我打通了的岩洞的门钻进去的，连自己都记不得了，甚至到了第二天早上也想不起来。因为，我跑进这藏身之所时，心里恐怖已极，就是一只受惊的野兔逃进自己的草窝里，一只狐狸逃进自己的地穴里，也没有像我这样胆战心惊。

鲁滨逊放弃地面的行为表明他尽管认为自己占有着这块领地，但事实上他并没有真正控制这座荒岛或使它殖民化。小岛上的脚印再一次证明他所生活的地方不是他的领地，而只是一个洞穴、一个暂时的避难所，就像他自己所说的："我叫做'门'的石头上的洞。"欣西亚·华尔认为："'门'表现了一种语言上的隐喻；曾经叫做'门'的只是石头上的一个洞。这些花费精力修建的防御工事和伪装并经过郑重命名的堡垒其实只不过是动物的小洞穴。"这一点再次提醒读者鲁滨逊只是一个从英国过来的外来者，他在荒岛上所居住的地方只是一块极不稳定的殖民地。所以在发现脚印之后，鲁滨逊更加努力地工作以加强他的防御工事，遮挡起他的家，将他的山羊藏在树丛里。这些行为在某种程度上表明他想要抹去或者隐藏起他的欧洲身份。

因此，笔者认为鲁滨逊对荒岛的殖民也是在发现这个脚印之后。从那时开始，他付出双倍的努力来加强工事，使荒岛归他所有，他拯救了奴隶"星期五"，安排第一批西班牙人和其他的海难幸存者入住荒岛。最终他成了小岛的主人，并建立起自己的帝国，他此时成了一个典型的殖民者。综上所述，鲁滨逊的自我身份及社会身份是不稳定的，他的这种不稳定性在与"星期五"相处的关系中也显露无遗。

二、鲁滨逊和"星期五"的关系

鲁滨逊和"星期五"的关系看起来简单，却又很复杂。说它简单，是因为他们的关系只能是主人与奴隶；说它复杂，是因为他们的关系还包含着其他的内容。首先，读读笛福描述"星期五"出场的鲜活的文字。

最后，他走到我跟前，再次跪下，吻着地面，又把头贴在地上，把我的一只脚放到他的头上，好像在宣誓愿终身做我的奴隶。

这段描述使读者感到悲伤和震撼，它实质上是欧洲至上论在文本中的反映。"星期五"为什么要表现出完全的服从、听话和臣服？只因为他是一个黑人。这让我们想起了法侬的文章《黑色的事实》。在这篇文章里，法侬揭露了黑人不仅被称为黑鬼，他们通常还被描述为不能进入主流的、不被认可的边缘人物。在社会监视和精神否认的二重感受中——这些人的出场是受到二重监督的。法侬的言论包含了一种普遍性，因此具有一定代表性。他在文中论述了现代性的世俗性，"人类"形象正是在这一现代性中被认同。他相信在白人和黑人的关系中，白人总是认为："你们来得太迟了，迟误得太晚了，将永远只有一个世界——一个在你们和我们之间的白人世界。"法侬使用黑色与迟误的事实来毁灭权力与身份的二重结构这一强制性："黑人必须是黑色的；在与白人的关系中，他必须是黑色的。"他还写道："比起白人来，黑人什么都不是。"他认为在西方社会存在着一种观点，即白人是万能的和规范的。这种理念是从黑人那长时间充满悲剧、歧视和失望的经历中积累而来的。

鲁滨逊救助"星期五"以及后来给他重新命名的细节都反映了殖民主义的思想。当他们相遇时，由于语言不通，"星期五"用丰富的肢体语言来表达自己以维系和鲁滨逊的关系。他这么做，显然表现出了一种天生的奴性，作为黑人，他应该听命和服务于白人。然后，在对"星期五"的再教育中，鲁滨逊将他的名字"野人"改为"星期五"，将自己的名字改为"主人"。这让读者想起笛福在小说开始时提到的将德国姓"克罗伊茨内"改为"克罗索"的段落。这样的相似安排表明鲁滨逊自己也曾经被奴役过，"星期五"是他以前境况的再现，这是鲁滨逊称自己为"主人"的原因，也清楚表明了鲁滨逊对"星期五"的控制。但是，从字面上来看，英语中的这个词也有老师和工匠的含义。这里可见笛福深受殖民主义思想的影响，即殖民者的文化包括语言都比殖民地的优秀，因此，殖民者理所当然要担当起师傅和老师的责任。所以，为了使"星期五"成为一个有用的、文明的奴隶，鲁滨逊开始教他使用英文。在让他理解他们的新名字和意义后，鲁滨逊第一次带"星期五"参观了他的牛奶、陶土做的盘子、面包和这些年来在岛上小心翼翼制作的所有东西。因为"星期五"的存在，鲁滨逊对自己的身份产生了极大的信心，他不再是航海路途上的奴隶，而是一个殖民者或者某种程度上的奴隶主。他作为"星期五"老师的举动也证明了他对岛上复杂情况的掌控能力，再次显示出早期殖民者希望在新世界肯定他们身份的愿望。

鲁滨逊对待"星期五"的态度以及他们之间的关系，反映了当时殖民者心理上的需求。除了主人和奴隶的关系之外，他们还需要有其他的关系，如在感到孤单和寂寞时的相互依存关系。殖民者需要殖民地居民的支持，这就是鲁滨逊有时称自己为"星期五"的父亲的原因。当看到"星期五"和自己的亲生父亲重逢而表现出的快乐时，他甚至感到嫉妒。在整篇故事里，鲁滨逊给了"星期五"很多名字，如："奴隶""坏奴隶""我的星期五""可怜而诚实的家伙""忠实的仆人""幸运儿""这个家伙""我孤单和寂寞时的伙伴"等。这些名字在某种程度上说明"星期五"身份的变化，即从一个奴隶变成一个真正的人，这对他的征服者来说是有用的。鲁滨逊甚至用悲伤的言辞来证明"星期五"的顺从和坚定的忠诚对他产生的影响。

所有这些都表明在笛福的时代西方人持有生来就比其他种族优秀的观念，所以征服殖民地和当地的人民并使被征服者为他们服务是他们的权利。在鲁滨逊的冒险经历里，除了和"星期五"的关系，荒岛也扮演了一个重要的角色。白人为什么要到这座荒岛上去？显然，他们是为了将之变为他们的殖民地。因此下一部分笔者将讨论荒岛在文本里的象征意义。

三、荒岛的象征意义

荒岛是一个多种事件共同发生的舞台。笛福笔下殖民者统治的荒岛不再是一个令人绝望的地方，而是一个殖民地，一个庇护所，一个居民聚集地，一个家。笛福所描述的不是一个孤立的封闭的地方，而是一个混合着多种文化的社会——在这里，我们能找到西班牙人、英国人、葡萄牙人、土著人、海盗、天主教徒、新教徒和女人。对鲁滨逊来说，荒岛是家的象征，是一块被殖民的领地。他希望使它成为英国统治下的领土。在辛勤工作和细心打理之后，他把小岛当成了自己的"殖民地"，他认为这是他的领土，所以当他离开时，他为当地新到的居民做了如下安排：

> 我把全岛领土加以划分后分配给他们，我自己保留全岛的主权。我根据他们的要求，把土地一一分给他们。这样，我替他们解决了土地的归属问题，并嘱咐他们不要离开小岛，我自己就离开了。

从这个描述里，我们可以发现殖民者通常认为自己的社会体系要优于他者，所以无论到达何地，他们总是在殖民地建立起他们的社会管理体系从而全盘否认他者。在他们的眼中，只有西方人才会在东方仍处于混乱时就拥有这样一个清晰的推理和逻辑的管理。西方人观念中的东西方文化的差异表露无遗，正如赛义德在《东方主义》里对殖民思想所批评的那样："东方是非理性的、颓废的、幼稚的、异常的，而西方则是理性的、正直的、成熟的、标准的。"东方人原始、愚昧、无知和懒惰，他们具有暴力和兽性。东方需要西方学识的纠正，东方和西方之间的关系也就是控制与被控制的关系。回到英国后，鲁滨逊常常怀念小岛，尽管对他和他的奴隶来说那儿更不像是个家或者没有"家人"，但是他却有一种强烈的愿望回到他的"领地"。他在第二卷开始时回忆道：

> 我知道即使是现在，对我来说，不管那儿是否真的存在幽灵、妖怪或者徘徊着死去的人……但是我清楚，我的思绪已到了这样的程度，使我对水蒸气或者其他我所能回忆的东西深深入迷，事实上，我常常就认为我现在就站在那——那个树丛后面的堡垒处。

回想起鲁滨逊刚登上荒岛以及发现奇怪脚印时的心情，他现在对荒岛的渴望是多么的震撼！我们仍然记得当鲁滨逊发现第一个脚印时害怕得像只野兔似的飞奔回家；第二次再看见鬼魅似的岛上居民，给了他一种安宁的怀旧感，让他念念不忘他认为是家的那个荒岛。他有着一种强烈的愿望，那就是回到他殖民统治的荒岛。是什么东西强烈地吸引着鲁滨逊去环游世界并回到那个荒岛？我们可以这么问：是因为外面和家一样舒服才去旅行的吗？是一种外出寻找控制土著人民和领土的能力的信念驱使他这么做？显而易见，这些问题的答案是肯定的。

也就是说，他既享受到荒岛上的舒服生活，同时也得到了统治土著人的能力。这种在世界各地自由穿梭的能力曾让英国人长期迷恋，鲁滨逊也希望证明他具有这种殖民者的能力，并在这个困惑的、心理上混乱的殖民土地上找到一种加强中产阶级势力和重构自我身份的方法。然而，这座荒岛绝对不是鲁滨逊的理想家园，他对荒岛的统治也绝不彻底。回到荒岛后他发现殖民地里发生了急剧的变化，岛民们分化成几派为了权力而明争暗斗，这同英国国内的王权斗争如出一辙——表明他对小岛已失去控制，失去了他的权力。他甚至不知如何向读者讲述所发生的一切，因此他说："我将不再麻烦地用第一人称叙说故事，那样做会让我使用成千上万的'我是''我说''他是''他告诉我''我告诉他'等。"鲁滨逊失去了对使用"我"的控制再一次表明他的身份由肯定转变成否定这一语法上的变化，也预示着殖民主义最终注定要失败。鲁滨逊最后无奈地说道：

> 我从没有想到要花力气给小岛起个名字，就让它保留原样，和我发现它时一样；它不属于任何人，不需要任何规则和政府；除了作为它的父亲和捐

助人，我对它没有任何影响，也没有任何权利对它指手画脚。

总而言之，荒岛不属于任何人，也不是任何人的家园，它独立于所有国家之外。在鲁滨逊殖民荒岛的过程中，如同其他殖民历程一样，他也见证了枪击和杀戮。

四、文本中描写的强奸、屠杀和暴力

殖民的过程始终伴随着强奸、屠杀和暴力。笛福在《鲁滨逊漂流记》中也多次描述了这些情景。鲁滨逊在拯救"星期五"时杀了两个野人，也许他对此感到内疚，所以文中描述不多。然而在与野人第二次遭遇战中，笛福详细记录了这场杀戮。

> 被我们从树后第一枪打死的，三名；
>
> 第二枪打死的，二名；
>
> 被星期五打死在船上的，二名；
>
> 受伤后被星期五砍死的，二名；
>
> 在树林中被星期五砍死的，一名；
>
> 被西班牙人杀死的，三名；
>
> 在各处因伤毙命或被星期五追杀而死的，
>
> 四名；
>
> 在小船里逃生的，共四名，其中一名虽没有
>
> 死，也受了伤。
>
> 以上共计二十一名。

令人吃惊的是"星期五"失去了他作为奴隶的身份而成了鲁滨逊的工具，他甚至参与了杀戮。在《鲁滨逊漂流记》的第二卷里，笛福更加生动地描述了这一殖民行为的副产品。在鲁滨逊妻子死后，他带着"星期五"回到了他的殖民地。然后有一天，当鲁滨逊第一次离开他的荒岛进行探险时，他登上了另一座在很多方面和他的殖民地非常相似的叫做马达加斯加的小岛，岛上生活着许多土著妇女和儿童。在这个和平的背景下，发生了一名英国人强奸土著女孩的事件。暴行发生后，女孩的族人杀死了那名英

国人，这给他们带来了灾难。鲁滨逊的水手开始为那名英国人展开了一场残酷的复仇杀戮。到处是燃烧倒塌的房子，到处是奔跑的人们，成百上千的男人、女人和儿童的尸体堆躺在村子的地面上。

如果先前的枪声让我们感到吃惊，可那些可怜人们的哭号声却展现了另一番场景，让人不寒而栗。坦白地说，我从未到过一座被掠夺过的城市或被暴风雨席卷过的小镇。我曾听说过奥利弗·克伦威尔攻占爱尔兰的德罗格达，屠杀了很多的男人、女人和小孩；我也曾读过有关帝利伯爵攻陷马格德堡城，割断了两万两千名男女老少的咽喉；但我从没想过这种事情就发生在眼前，也无法用文字来描述它，更无法描述听到它时盘绕在心头的恐惧。

马达加斯加的屠杀暴露了殖民主义的黑暗面和真实本性。让读者印象深刻的是鲁滨逊试图描写整个事件的手法，他没有给读者一个直观的描述，而是以他听到的枪声作为开端。换句话说，他拒绝充当屠杀的目击证人。他提到了自己听说和读到过其他屠杀暴行，但他也不是目击证人，读者可通过这两次暴行去想象小村中的屠杀。所有这些都说明鲁滨逊，或者说笛福认识到殖民的恶果。他只是不愿意承认这点，至少他不希望从他自己嘴里说出来，当然，他也不想否认这些事实。即使作为一个殖民者，鲁滨逊也对英国人的暴行感到吃惊。鲁滨逊将小村的屠杀同爱尔兰的德罗格达、德国的马格德堡城的屠杀联系起来，目的是将马达加斯加事件列入欧洲人的暴行之中，这样做是为了给予殖民受害者与欧洲的屠杀受难者们一样的同情。然而，在向读者讲述村子里的屠杀时，笛福试图在受难者、读者以及作为作者的他之间寻找一种平衡。在他试图将暴行归于种族屠杀的同时，他也通过谴责食人生番来宣告对新世界殖民的正确性。

笛福给读者展现了这样一个故事主线：鲁滨逊是从他发现岛上的食人生番以及遍地抛弃的残肢碎骨开始描述，接着是白人和土著人的冲突和对抗，然后是马达加斯加的屠杀，最后是在小说结尾一章中得出的令人困惑的结论。他的结论就是：尽管欧洲人对土著人的大屠杀似乎有些残酷，但这种暴力毫无疑问是上帝的旨意。

对我来说，这样的复仇行为是由上帝所决定的，西班牙人成了上帝复仇的工具来惩罚他们那种吃人的野蛮风俗。

很显然，强奸、屠杀和暴力是殖民行为不可分割的一部分。虽然欧洲人竭力否认，但历史文献却不容置疑地记录着殖民者在印度支那的杀戮，对马达加斯加人的折磨，对黑非洲的禁锢，对东印度群岛的镇压。

他们有时用文明和宗教的面具来伪装自己从而制定不诚实的等式，即：基督教＝文明，而异教＝野蛮，并由此产生了伤害印第安人、黄种人和黑人的可恶的殖民和种族屠杀的后果。可见殖民主义给人们带来的是暴行而不是像殖民者布道时所说的文明。正是殖民主义使得殖民者去文明化，使他们堕落，使他们愈加野蛮。换句话说，正是殖民主义唤醒了他们人性深处的贪婪、暴力、种族仇恨和道德缺乏的天性。结果，欧洲人毫无不安地接受了这样的事实：在殖民地里，女人们被强奸，平民的头颅被砍下，眼睛被剜出，人们饱受折磨。欧洲人喜欢这样的殖民经历，享受这样的殖民过程，就像马丁·格林在他的文中指出的那样：

> 在《鲁滨逊漂流记》诞生后的两百多年里，作为消遣来阅读的有关英国人的冒险故事，实际上激发了大英帝国主义的神话。从总体上来说，这些故事都是英国讲述自身的故事。它们以梦想形式赋予英国力量、意志，以便使英国人走出国门，探索世界、征服世界和统治世界。

彼得·胡尔姆也曾指出，欧洲列强在征服殖民世界大部分地区的过程中都有它们的哲学及文学文本为其行为歌功颂德，同时为"他者"贴上了标签。他认为在整个殖民主义领域，欧洲人的文本和他们的小说，犹如他们的枪一样起着决定性的作用。

探险者的杂志，那些从没有离开过家的中世纪旅行家们想象中的描述，以及其后的探险和征服等都加速了世界上其他地区的"他者化"，并且支持了欧洲是世界文明中心的观点，认为欧洲在物质上都优越于其他地区。这样，他们就可以按照自己的需求来定义和决定世界事务，而克罗索的处女岛就代表了帝国文化扩张和定义世界的一种愿望。然而，尽管这些文学作品赞扬了在荒蛮土地上进行探索的先锋们神话般的事迹，但如果脱去这些小说民族优越感的外衣，我们就能看到其殖民主义的内在本质。从文本中可以看出，克罗索实际上只是个软弱的个体，他无法在自己的国家取得成功，于是前往异国，在那儿，文明所给予他的技术很快让他取得了针对当地土著人的优势。正如皮尔曼所说：

> 在那里，他掠夺土地，屠杀异教徒，用威力使那些改变信仰的人成为他们的工具。他蔑视土著人，但也害怕他们。如果他的安全受到威胁，他随时准备对他们进行屠杀。正是在这样的背景下扩张和殖民主义滋生了，也正是这个原因，《鲁滨逊漂流记》才需要我们不断地给予关注。

通过以上的文本分析，我们可以得出这样的结论，即《鲁滨逊漂流记》和许多其他文学作品一样能够被列入帝国文本。在对它的解读中，我们能够发现其中所折射出的殖民历史和殖民思想，同时现实世界也要求我们对《鲁滨逊漂流记》这样的经典文本进行彻底的后殖民重构。

‖作品来源‖

发表于《东南大学学报（哲学社会科学版）》2010年第2期。

鲁滨逊代表的资产阶级及形象特点解剖

宋文玲

导 读

　　英国小说家丹尼尔·笛福的代表作《鲁滨逊漂流记》中的主人公鲁滨逊生活在资产阶级争取和巩固政权的时期，他被资产阶级思想深刻地影响着，他就是这个时代的代言人。鲁滨逊的选择和各种行为更多地反映了资产阶级的特点。这是17、18世纪西方资产阶级信心与希望、前途与光明的充分体现，是资本主义生产方式上升时期的真实产物。

 一、引言

　　《鲁滨逊漂流记》是英国新古典时期小说家丹尼尔·笛福的代表作品。该小说描述了出身于商人之家的鲁滨逊，不甘于像父辈那样平庸地过一辈子，一心向往着充满冒险与挑战的海外生活，于是毅然舍弃安逸舒适的生活，私自离家出海航行，去实现遨游世界的梦想，但每次都历尽艰险。有一次风暴将船只打翻，鲁滨逊一个人被海浪抛到一座荒无人烟的海岛上，在那里度过了 28 年孤独的时光。小说的主要部分就是对他这段荒岛生活的生动记述。除了精彩离奇的故事外，小说最吸引人的地方就是鲁滨逊的性格。他敢于冒险，敢于追求自由自在、无拘无束的生活。即使流落荒岛，也决不气馁。在荒无人烟，缺乏最基本的生活条件的小岛上，他孤身一人，克服了许许多多常人无法想象的困难，以惊人的毅力顽强地活了下来。没有房子，他自己搭建。没有食物，他尝试着打猎、种谷子、驯养山羊、晒野葡萄干，他还自己摸索着做桌椅、做陶器，用围巾晒面做面包。在岛上的第 24 年，他还搭救了一个野人，给他取名为"星期五"。

在他的教育下，"星期五"成了一个忠实的奴仆。就这样，鲁宾逊在荒岛上建立了自己的物质和精神的王国。面对人生困境，鲁滨逊的所作所为，显示了一个硬汉子的坚毅性格和英雄本色，体现了资产阶级上升时期的创造精神和开拓精神。①

 ## 二、丹尼尔·笛福与其作品《鲁滨逊漂流记》

1660 年丹尼尔·笛福生于伦敦。他是一个店员的儿子，曾经游历欧洲，做过各种各样的工作，后来定居伦敦，开始了记者生涯。他被认为是现代新闻业的创始人之一。他还参与政治活动，曾不止一次因为政治原因被捕入狱。1719 年，当他 59 岁时，他从公众生活中引退，开始写小说。《鲁滨逊漂流记》是他最著名的一部作品，是根据真实的事件写成。这部作品是第一部用英语写成的小说之一。1731 年笛福去世，终年 71 岁。

《鲁滨逊漂流记》之所以成为文学史上不朽的名著，在于它的真实性和不凡的艺术表现力。在它之前，欧洲的长篇小说大都是以帝王将相的业绩或骑士美女的浪漫传奇为主要内容的。笛福开始尝试用日常语言来描写普通人的生活。小说虽是一个虚构的故事，但对鲁滨逊荒岛生活的描写逼真而自然，表现了作者非凡的想象力和艺术表现力。此外，小说通篇采用第一人称的叙述方式，语言明白晓畅、朴素生动，这一切给作品增添了不少魅力。②

 ## 三、鲁滨逊代表的中产阶级形象特点剖析

近三百年来，《鲁滨逊漂流记》一直风靡全球，成为世界文学史上不朽的名著。应该说，这归功于笛福成功地塑造了鲁滨逊这个极具个性色彩的人物。在鲁滨逊那里，冒险、坚忍、毅力、智慧、勇气、果敢、富于进取、

---

① 徐霞村译：《鲁滨逊漂流记》，人民文学出版社，1997。
② 吴瑛：《解读笛福和他的〈鲁滨逊漂流记〉》，武汉大学学报（人文科学版），2002 年第 1 期。

开拓创新全都集于一身，为一切不甘平凡、不安于现状的人们提供了他们心中所寄托的英雄形象。①

第一，鲁滨逊是一个不安分的冒险者。在家中，父辈所有的希望全都放在了鲁滨逊一个人身上。父亲要求儿子老老实实地靠自己的勤勉和努力挣一份家财，过一辈子安适而惬意的生活。但是这个孩子遨游四海的念头从没有改变过。于是，他背着家庭，私自出海，尽管道路坎坷，可是最终一种"神秘而有力的天数经常逼着我们自寻绝路，使我们明明看见眼前是绝路，还是要冲上去"，情感战胜了理智。在鲁滨逊看来，没有比冒险和开拓进取更刺激和好玩的事情了。骤然成为巨富，和妻子、孩子的家庭之乐，岁月催人老的无情，这一切依然难以阻挡鲁滨逊的步伐。

第二，鲁滨逊是一个勇敢的实践者。在 28 年的孤岛生活中，生存成了他整日整夜"劳心劳力"的主题。搬运船上用品、营造住处、驯养山羊、种麦植稻、置办桌椅、烤制面包等，都在他的手脚并用中施展开来。无论是在肉体上还是在精神上，他都在为满足的愉悦而努力、而奋斗。苦变成了乐，艰辛成为了享受。在《鲁滨逊漂流记》里，我们读到的是一个奋斗者的拼搏心声，看到的是一个开拓者的奋斗足迹。

第三，鲁滨逊展现了一个拥有独立人格的大写的人。如果说笛福用第一人称"我"来称谓鲁滨逊是一种写作手段的话，那么在这部小说里要表现的则是一个艺术和思想合一的人物形象。在家里，鲁滨逊置父亲的劝诫于不顾，私自出海，体现的是一个不同于父辈的"叛逆者"的角色。而在孤岛上——一个完全与大自然打交道的地方，仅有的就鲁滨逊一人而已。想要在那里生存下去，需要展现的是乐观进取的个人主义精神。鲁滨逊正是这一舞台上的成功演员。鲁滨逊在海岛生活的日子，实际上就是早期资产阶级殖民史的缩影，是为追逐利润、为扩大市场向全世界进发的历史。它并非春风化雨、和风送暖，而是伴随着血与火、刀与剑。鲁滨逊作为资产阶级代表的特征体现在：

---

① 何赫然:《丹尼尔·笛福作品中的殖民主义意识》，湖南商学院学报，2004，11（1）。

1. 自我实现、冒险

对身边自然与社会的极大好奇心，以及要通过与恶劣生存条件较量来印证个人力量，并从中得到精神满足的无止境追求。鲁滨逊多次进行航海冒险，甚至在航海中被海盗抓获，之后又从海盗手中出逃，随后在巴西办起了种植园，并且在收益也很好的情况下，他毅然决定放弃安稳的种植业主的生活，又一次航海冒险。这一次船只失事，把他抛到了荒岛上，直接导致了让他处于孤独状态的环境之下。

2. 掠夺占有

他几次出海的目的就是为了要到非洲贩卖奴隶。初到荒岛为自己营建城堡，圈起土地播种谷物，把他的住地周围画出来，当他进行环岛旅行之后，发现了岛的另一边比他当时居住的地方好，后来他就在那里建了木屋，并把他所经过的地方都当成是自己的领土，并踌躇满志地说："这里的一切都是我的。如果有可能，我要传给我的子孙。"

鲁滨逊的孤独是在他那带有资产阶级思想的驱动之下逐渐形成的。当他孤独地在岛上生活时，骨子里面贯穿的还是那些思想，从始至终那种"力量"和"天数"都在左右着他。他的孤独是由于时代所造成的，带有强烈的时代的印记，如果没有那样的时代背景，他或许还和很多人一样安稳地在他的老家享受平凡的生活，可正是由于他受到了时代思想的影响和启发才改变着他的人生轨迹。他的孤独也反映了资本主义在刚刚开始的时候是孤独的，在开拓殖民地的初期是孤独的，这种情况慢慢地发展就会向它的相反方向转变，即是热闹和繁荣，这时那种孤独就随着时间的变化而消散，最终淹没在历史的潮流之中。[①]

四、结语

《鲁滨逊漂流记》是资本原始积累时期资产者的一曲颂歌。主人公鲁滨逊是笛福时代英国商业资产者的典型。他不安于天命，不愿在平凡舒适的

---

①　魏颖超:《鲁滨逊精神面面观》，外语研究，2003（03）。

家庭生活中消耗生命，而是积极大胆地四处探险。他三次出海，几乎险些丧命，但冒险的天性使他矢志不移。有一次出海，他流落在荒岛上，以令人难以置信的毅力，利用自己的双手为了生存而劳动和斗争，最终成为荒岛的所有者、全权统治者和立法者。在荒岛上生存 28 年之后，他终于有机会返回自己的国度，发现自己的巴西种植园安然无恙，自己已经在不知不觉中成了富翁。鲁滨逊不是有教养的贵族人物，而是一个平民。他出身于中产阶级，这个阶层的人物没有什么遗产可得，只有靠自己努力才能维持中等地位，才能爬到上层去。

"我要尽全力而为，只要我还能划水，我就不肯被淹死，只要我还能站立，我就不肯倒下。"对鲁滨逊来说，"一个人只是呆呆地坐着，空想自己所得不到的东西，是没有用的"，这就是绝对真理。它代表着资本主义的意识形态，有一种内在的冲动驱使他去操纵和支配外在世界，去获取物质财富。

‖作品来源‖

发表于《科技信息》2010 年第 36 期。

《鲁滨逊漂流记》之人文主义体现

郭巧利

导　读

　　《鲁滨逊漂流记》是英国作家笛福的代表作，它是现实主义小说的开端，并为笛福赢得了"英国小说之父"的美称。这部作品不仅体现了英国的现实主义和殖民主义，而且也体现出了人文主义思想。本文通过分析主人公鲁滨逊与自然、社会以及宗教的关系，来阐明本部小说中所体现的人文主义，以加深人们从这一角度对这部小说的理解。

　　人文主义（humanism）又称人道主义或人本主义，它是文艺复兴时期形成的一种新的思想理念。人文主义的核心内容在"人"，注重强调维护人性尊严，主张人权，否定神性和神权。这种思想的产生对社会发展乃至文学创作都产生了深远的影响。其中，英国著名小说家丹尼尔·笛福的代表作《鲁滨逊漂流记》就对这种思想做出了体现。

　　小说由三部分组成：第一部分主要描述主人公最初航海情况及其在巴西经营种植园的情景；第二部分记叙了主人公鲁滨逊在荒岛28年的生活经历；第三部分主要介绍了鲁滨逊离开荒岛重返家园的情况。本文主要针对小说的前两部分，分别从主人公鲁滨逊与自然、社会和宗教的关系以及造成这种情况的原因这三个方面阐释人文主义在该小说中的体现。

一、人文主义在鲁滨逊与自然关系方面的体现

人文主义是新兴资产阶级用财富和精力创造出的精神产品，它的核心

是强调和尊重人的价值，主张个性解放，反对禁欲主义。在中世纪，禁欲主义严重束缚着人们的身心，他们生活在上帝给他们建构的精神世界里。当苦难和灾祸来临，人们只会愚昧地跪倒在万能的上帝面前祈祷，而不会相信自己的力量。然而，随着科技的不断发展，人们开始意识到自身的力量，逐渐懂得命运掌握在自己手中，而不是上帝注定的。

小说中的主人公鲁滨逊出身于英国一个中产家庭。父亲一心想要他学习法律，并且通过努力过上中间阶层无忧无虑的安逸生活，但鲁滨逊并不想过这种平庸无奇的生活。他曾说："在人类的感情里，经常存在着一种隐秘的原动力，这种原动力一旦被某种看得见的目标吸引，或是被某种虽然看不见，却想象得出来的目标所吸引，就会以一种勇往直前的力量推动着我们的灵魂向那目标扑过去，如果达不到目标，就会叫我们痛苦得受不了。"因此，为了自己的梦想，他毅然离家，从此踏上了航海的征程。

第一次航海，他所登上的开往英国伦敦的商船中途遇到风暴，虽受到惊吓但他没有就此放弃；第二次航海差点船毁人亡，但他仍然坚持出海，不愿意放弃自己的梦想。接下来的第三次航海，途中遇到海盗，自己成为俘虏，艰难逃生后不久又开始了航海，结果遇到海难，自己漂流到了一座孤岛。然而，流落荒岛 28 年后逃生的他依然坚持航海冒险。从这几次航海我们可以看到，鲁滨逊身上所具有的不安于现状的积极进取精神和不畏艰难险阻的顽强毅力。这种力量使他一次又一次离开安稳的生活，走上外面的危险和未知。也正是这种力量彰显了他想通过与恶劣生存条件的较量来实现自我价值的愿望。人文主义主张人们应该发挥主观能动性去发现现实世界的真相并去体验它。这种力量，正是人类发挥主观能动性的体现，它促进自我决定和自我信仰的独立性，这也正是人文主义强调人的价值的体现。

鲁滨逊对自然界的不断探索虽说是人的主观能动性的表现，但鲁滨逊与自然界的斗争则是人的主观能动性的最好体现。当鲁滨逊流落到荒无人烟的孤岛上时，他在日记中这样写道："……缠绕在我心头的只有悲苦和恐惧，因为我竟然落到了这样可怕而悲惨的地步：一方面是没有吃的、穿的、住的，没有武器防野兽，甚至连个逃命的地方也没有，而且还没有得救的希望，那是无论怎么看来，我的面前都只有死路一条。另一方面一个人孤立无援地在这个荒岛上，我有可能被野兽吃掉，被生番杀掉，或者活活地饿死……"尽管如此，鲁滨逊并没有向自然屈服，而是经过一番思想斗争后与自然展开斗争。于是他从搁浅的大船上把有用的生活资料用木筏分批转移到岸上保存起来；于是他在有水源、树荫、可防野兽的地方挖凿山洞，修筑栅栏，构筑住所；于是他开始把捕到的山羊圈养起来以储备羊奶和肉；于是他开始做各种生活工具，开始种植，开始利用兽皮做衣服。

总之，鲁滨逊靠自己的勤劳、勇敢和坚强在这座孤岛上生活了整整28 年之久。在与自然界的这场争斗中，鲁滨逊是赢家，他战胜了自然并征服了它。他没有被自然打败，反而靠着自己的力量跨过种种困难，冲破道道险阻，在荒岛上创造出了一个全新的世界，创造了自己的那份舒适的生活。总之，这不仅是鲁滨逊个人智慧的体现，也正是人文主义重视人的知识和能力的体现。鲁滨逊不仅仅代表他个人，在当时的社会，他代表的是一个新兴的阶级，从他的身上，我们可以看出当时整个新兴资产阶级的人文主义的精神面貌。

二、人文主义在鲁滨逊与社会宗教关系方面的体现

人文主义不仅强调人的价值和人的主观能动性，同时重视个性解放和个人主义，提倡科学文化，反对蒙昧主义。随着人们对个人主义和自由主义意识的觉醒，越来越多的人想要走出当时的社会价值观念和僵化的教条主义的桎梏。在《鲁滨逊漂流记》这部小说中，鲁滨逊作为个人主义的代表，他对个性解放的追求的表现之一就是他对宗教教义的怀疑和对宗教权威的挑战。在小说中，尽管主人公多次提到《圣经》，但在鲁滨逊的生活中它并不是至关重要的。就像他在日记中写的："……我为人处世根本就不以宗教信条为准，事实上，我的脑子里可以说是毫无宗教观念，对于落到自己头上的事，无论是坏事好事，认为无非是机运

所致……"因此，当他流落到荒岛时，他并不是愚昧地向上帝祷告，祈求上帝的怜悯，坐等上帝前来搭救自己，反而是通过自己的智慧、勤劳、勇敢和坚强来进行自救的。鲁滨逊虽是新兴资产阶级的代表，但他毕竟来自于一个传统的旧式家庭，旧式的宗教理念必然会对他产生一定的影响。例如，当鲁滨逊在荒岛上发现了一些绿色的大麦时，他在日记中写道："这不免使我心里大为感动，眼泪也不禁夺眶而出，想到这样的世间奇迹居然发生在我的身上，我不禁暗自庆幸，也真诚地感谢上帝"；"我不仅认为这完全是上帝为保佑我、让我活下去而给予的恩赐，而且还满心天真地认为岛上别处也肯定有……"

鲁滨逊虽感恩上帝，但当他回忆起这是他抖搂装鸡饲料的口袋不小心留下的时，他说道："在发现这一切只是寻常事情，并无出奇之处后，我得承认，我的宗教热忱，我对上帝那突然产生的感恩戴德之情也就渐渐单薄了。"

由此我们可以看出，主人公对宗教的信仰并不是发自内心的，他不想因宗教的束缚而压制自己的个性解放，他对宗教教义的怀疑以及对宗教权威的挑战正是与他对个性解放的追求是一脉相承的。鲁滨逊的经历同时也反映了当时新兴资产阶级与宗教理念斗争的过程，展现了新兴资产阶级对人文主义的追求，也展现了人文主义正在日渐深入人心。

三、小说体现人文主义的原因

人文主义在《鲁滨逊漂流记》中的体现并不是偶然的，它是受到两个重要的原因推动：一是科学的发展，一是人们对虚伪的宗教和政治的醒悟。

18世纪，英国经历了第一次工业革命。工业革命不仅使英国的经济实力跃居世界第一位，而且推动了英国科学技术的发展。在科学技术的巨大推动下，18世纪的英格兰发生了许多重大变化，1688年的"光荣革命"推翻了封建君主的反动统治，建立了"君主立宪制"。从此，议会真正掌握了权力。1689年《权利法案》的颁布充分保障了人权。

随着英格兰发生的巨大变化，人们的视野也扩大了，人们意识到自己才是自己的真正主宰者，并愿意为自己的幸福而奋斗。也正因科技的快速发展，人们自我生存的能力在不断加强，他们不会再等着他们的既定命运，相反，人们热切地想要探索自然和世界。这一时期，人文主义者更多重视人的力量而反对中世纪僵化的信条。现代大机器的发明进一步加强了人们的力量。对于自然，人们不再惧怕，反而更感兴趣。《鲁滨逊漂流记》的时代背景正是处于18世纪人文主义崛起和发展的英格兰。因此，作者在塑造鲁滨逊这个人物时必然会带有人文主义的痕迹。鲁滨逊不安于自己安分的生活，执意出海航行探索外界事物，体现了该时期人类敢于冒险、敢于证实自己能力、敢于实现自己价值的精神。

在中世纪，人们受到宗教教条主义的严重束缚而处于蒙昧无知的状态。人们认为自然界是神秘莫测的，自然的力量是绝对的。但随着科学的不断发展，人们的意识也开始觉醒，他们意识到宗教教义的虚伪和欺骗性。随着人文主义的发展，人们不想再受到宗教禁欲主义等各种教条的束缚，他们渴望打破这种束缚，渴望走近自然、探索自然，体验和发现自然的真正面貌。同时，18世纪的英格兰经过"光荣革命"的洗礼，政治上发生了深刻变化。代表新兴资产阶级的议会掌握了真正的权力。这也为人文主义的发展提供了有利条件。生活在该时期的小说家笛福，深刻受到这种变化的影响。他作为中产阶级的一员，自然会潜意识地宣传代表本阶级利益的思想文化，因此，作为其代表作的小说《鲁滨逊漂流记》自然带有人文主义的痕迹。

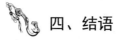 四、结语

小说主人公鲁滨逊在孤岛上的生活是人类生活的新起点。他先后经历了探索自然、与自然斗争到最后征服自然的过程。在这些过程中，鲁滨逊克服了各种各样的困难，展现了他的智慧和能力，同时也展现了人类社会的智慧和强大力量。整部小说也因成功塑造了坚忍不拔、主宰自然、创造新生活的主人公形象而在世界文学画廊中散发出永久的艺术魅力。正如《英国文学的伟大传统》的作者鲁宾斯坦的评价，"它像一座冰山，露出水面

的只是整体的一部分，我们很快就认识到，我们这位领航员完全知道水面底下还有整个一大块"。这种"冰山理论"式的评价便把《鲁滨逊漂流记》的文学价值表达得淋漓尽致。

作品来源

发表于《青年文学家》2016 年第 30 期。

第三章

奇文共赏·比较阅读

《鲁滨逊漂流记》与《老人与海》中关于"孤独"的比较

吴北萍

导 读

鲁滨逊独自一人流浪孤岛，圣地亚哥独自一人面对险恶的大海。同样是"孤独"，然而，他们的孤独却又不一样。鲁滨逊的孤独具有很强的时代性，而圣地亚哥的孤独则是永恒性和主观性的。

一、前言

孤独是一种不愉快的、令人痛苦的主观体验或心理感受。孤独的产生往往并非因为身边没有亲朋好友。孤独是人类对自身的认识达到一定的程度后才产生的一种感受。这是一种迷茫与无知的感觉，使人群中的敏感分子感到孤独。千百年来，无数的文学作品、文学主题反复提出，反复呐喊人类精神的孤独。本文将比较鲁滨逊和圣地亚哥遭遇到的不一样的孤独。

二、鲁滨逊的孤独是时代性的

鲁滨逊生活在资产阶级争取和巩固政权的时期，他被资产阶级思想深刻地影响着，他就是这个时代的代言人。小说中多次提到"一种不可抗拒的力量""邪恶的力量""神秘而有力的天数"，这"力量""天数"使他不断同自己作斗争，三番五次地出海。那这"力量""天数"到底是什么呢？人们有多种说法，有的说，那是为了攫取财富和领土而有的野心；也有的说，那个力量是上帝的意志，是鲁滨逊的命运之神。但是实际上鲁滨逊的择和各种行为更多地反映了资产阶级的特点。这是 17、18 世纪西方资产阶级信心与希望、前途与光明的充分体现，是资本主义生产方式上升时期的真实产物。鲁滨逊作为资产阶级代表的特征体现在：

1．自我实现、冒险

首先，鲁滨逊是一个不安分的冒险者。在家中，父辈所有的希望全都放在了鲁滨逊一个人身上。父亲要求儿子老老实实地靠自己的勤勉和努力挣一份家财，过一辈子安适而惬意的生活。但是这个孩子遨游四海的念头从没有改变过。于是，他背着家庭，私自出海，尽管道路坎坷，可是最终一种"神秘而有力的天数经常逼着我们自寻绝路，使我们明明看见眼前是绝路，还是要冲上去"，情感战胜了理智。在鲁滨逊看来，没有比冒险和开拓进取更刺激和好玩的事情了。骤然成为巨富，和妻子、孩子的家庭之乐，岁月催人老的无情，这一切依然难以阻挡鲁滨逊的步伐。侄儿的劝说，不过是鲁滨逊伺机而动的诱因，真正的原动力仍然是他不习惯平凡生活、无意安适生活。这是导致他处于孤独状态的内在原因。

2．掠夺占有

他几次出海的目的就是为了要到非洲贩卖奴隶。他用火枪和《圣经》慑服土人，使"星期五"心甘情愿地做了他的忠实奴仆。"星期五"是他给一个土人取的名字。火枪和《圣经》就是欧洲殖民主义者对殖民地人民所惯用的双重武器。鲁滨逊顽强不息地与自然作斗争，既是为了生存，也是为了占有财富和土地。在岛上还没有其他人出现的时候，鲁滨逊就踌躇满志地说："这里的一切都是我的。"如果有可能，他要传给他的子孙。当岛上有了"星期五"的父亲和那个西班牙人后，他为自己"像个国王""我的百姓完全服从我"而满心高兴。即使回到英国后，他视察他的"领地"，把岛上的土地分租给新去的居民。鲁滨逊身上的两重性，充分体现了作者自身的时代与阶级的局限性。

18 世纪初期，资本主义正处在自由竞争的上升阶段，正因为有这样的时代背景，才孕育出了"鲁滨逊"这个前无古人的资产阶级形象，它具有相当典型的代表性：积极进取、百折不挠、白手起家地开创自己的事业。鲁滨逊的孤独是在他那带有资产阶级思想的驱动之下逐渐形成的。当他孤独地在岛上生活时骨子里面贯穿的还是那些思想，从始至终那种"力量"和"天数"都在左右着他。他的孤独是由于时代所造成的，带有强烈的时代的印记，如果没有那样的时代背景，他或许会像父辈那样平庸地过一辈子，还和很多人一样安稳地在他的老家享受平凡的生活。可正是由于受到了时代思想的影响和启发，鲁滨逊毅然舍弃安逸舒适的生活，私自离家出海航行，一心向往着充满冒险与挑战的海外生活。他的孤独也反映了资本主义在刚刚开始的时候是孤独的，在开拓殖民地的初期是孤独的，这种情况慢慢地发展就会向它的相反方向转变，即是热闹和繁荣，这时那种孤独就随着时间的变化而消散，最终淹没在历史的潮流之中。

三、圣地亚哥的孤独是永恒性的

海明威在《老人与海》中以简练、有力、明快、朴实、含蓄的文学语言和叙事风格，实践了他的"冰山理论"，完成了他的美学追求。这种伟大作品的神秘之处就是冰山下被我们挖出来的东西，圣地亚哥的孤独从文章表面都可以看出来，这种表面上的孤独延伸到冰山之下又是什么呢？或许那是作者真正想告诉我们的东西。圣地亚哥不像鲁滨逊那样返回了祖国，并与其他人融合到了一起，他始终是孤独的，他捕鱼回来之后周围的人都没有理解他，他仍然是孤独地生活在他自己的世界里，其永恒性可以从两方面来说明：

1. 人类的孤独

圣地亚哥满怀希望出海捕鱼，却败兴而归。在残酷的现实面前，失败似乎是不可避免的。为了避免冒险，他只在近海捕鱼，一无所获；他冒着生命危险到更远的海域，仍然没有转机。出海八十四天一无所获。在第八十五天他终于捕获了一头巨大的枪鱼。但这时的圣地亚哥瘦弱憔悴，难以制服这头大鱼。但是最终，圣地亚哥在这场持续了三天的决斗中幸存了下来，并准备把他的战利品带回家。在凯旋途中，由于受到鲨鱼一次次凶猛的攻击，胜利的狂喜被冲淡，沮丧席卷而来。这几乎在向圣地亚哥暗示，在这场战斗中，他驾驶小船的航行成为一面象征永远失败的旗帜。

在捕鱼的场景中，只有圣地亚哥一个人，在他背后的人们被隐化了，或者说他就是整个人类在自然环境中的代表，表现了他作为人类的代表是怎样与大自然进行对抗的。面对风浪翻滚的大海，抵抗残酷无情的烈日，度过日夜交替中的黑暗，对人类来说，大自然中存在很多阻碍人类向前发展的艰难险阻。人类在处理这些阻碍的时候，是无法向其他生物种类寻求帮助的，人类与其他的生物种类是互不理解的，甚至在人类看来，其他的种类没有理解能力，或许在其他生物的眼里人类也是一个不懂得他们世界的异物。所以，人类在自然界中是孤独的，也只能孤独地面对自然环境。人类的孤独是终极性的，贯穿整个时空，并且也是不可改变的孤独，所以圣地亚哥的孤独是永恒性的。

2．人生的孤独

圣地亚哥作为个体的人来讲，他的人生即是指从童年、青年、中年到老年的一段历程，是他活着的整个过程。孤独就发生在这个过程中，一直伴随着他。一个孤独的境地：失败的境遇、孤寂的生活、一个人被抛在大海里孤立的境遇。他的奋斗是孤独的，他的精神是孤独的，周围没有人理解他。四十八天的海上生活中，每天都是自言自语，要么对天、对月亮、对星星说话，要么对鱼、对水说话，如果说这份孤独是由于环境导致的话，那么他回到人群中呢？得到的是冷漠和嘲笑，这份孤独在人群中仿佛更孤独。如果说人群对圣地亚哥有着依恋的话，那就只有小男孩马诺林了。马诺林是圣地亚哥在人世间唯一的牵绊，是他除了海与鱼之外的另一个信念。在海上的日子里，老人提到最多的就是"要是孩子在就好了"。圣地亚哥每说这句话都让人感到他身孤力单的凄凉、孤独无援的处境。但是，如果那孩子真的在他身边的话，他不一定还会打到那么大的鱼，也不一定还会与那么多条鲨鱼搏斗了。

圣地亚哥的一生注定都是孤独的，无论是过去、现在还是将来。老人的窝棚里除了简单的生活用品外，在褐色墙壁上有一幅彩色的《耶稣圣心图》和一幅《科布莱圣母像》，这是他妻子的遗物，老人现在依然保存着，可能就是为了保留妻子对他的爱，或许更可能是表达对耶稣和圣母的崇敬。妻子可能给他关爱，可能让他摆脱孤独，但是那样的情况来了又走了，可能就只在一瞬间，妻子象征着在老人曾经生活中的某一点，使老人不孤独的瞬间感觉。而耶稣和圣母是救世主，周围没有人能帮助他，从客观来说他必须孤独地应对他所经历的环境。老人最后带着只剩下骨骼的大鱼回到家之后，许多渔夫围着老人的船，一个渔夫量着鱼的长度，客店的老板感叹着"多大的鱼"。老人觉得这些都与他无关，已经回到他的窝棚睡着了，并梦到强大而又独来独往的狮子，狮子的意蕴是他的坚强和孤独，男孩陪在他的身边，而男孩是他自己，这说明在他的世界里还是只存在他自己，预示着将来的情况也如此。

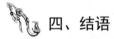

四、结语

人们往往会被鲁滨逊和圣地亚哥强烈的孤独感所震撼。然而，他们面临的孤独是不同的。不同的时代背景、时代思想造就了不同的孤独。对于这不同的孤独，我们应该细细体会。

【作品来源】

发表于《陕西教育（高教）》2015 年第 4 期。

《鲁滨逊漂流记》与《格列佛游记》作品色彩比较

岳 筑

导　读

　　《鲁滨逊漂流记》与《格列佛游记》的两位作者都是英国人，但由于两人生活的时期不同，导致其小说的写作原委及写作目的也不同。通过分析两部作品的产生背景、写作手法、作者流派等方面，具体从主角设定、情景设定等角度进行作品色彩对比，解读两部作品虽均以游记形式描述，但笛福通过第一人称直抒胸臆，引导人们积极乐观地生活，而斯威夫特则是借格列佛之口表达自己对社会的不满、对人性的讽刺。

　　作品色彩，即作品所要表达的某种情调或思想倾向。只有拥有对作品色彩的准确把握，才能正确解读作者写作小说的用意及对读者的影响。《鲁滨逊漂流记》和《格列佛游记》的两位作者都是英国的著名作家，但由于所处时代不同，其作品反映的真实情感也会有所不同。通过对两部小说作品色彩的对比，能够更加准确地解读两部小说流传至今的原因，更加深刻地理解作者小说中的真正用意。

一、《鲁滨逊漂流记》的作品色彩

（一）作品产生背景

　　《鲁滨逊漂流记》作者丹尼尔·笛福，是英国启蒙时期的重要作家，《鲁滨逊漂流记》是他在这一时期的代表作品，被称为"英国和欧洲小说之父"。他的作品通常描述一个人通过个人努力，依靠个人智慧，战胜困境。这种小说的创作是通过与困难抗争塑造人物，以表现当时欧洲是一种倡导个人奋斗的社会风气，如鲁滨逊。小说作为 18 世纪英国著名的小说之一，是英国文学史上第一部现实主义小说，甚至引起了英国民众的广泛关注，特别是小资产阶级，对这部著作的喜爱程度超乎想象。人们都把自己当作书中主角，找到了自己的定位，并通过这种定位实现自我价值。

（二）作者所属流派

丹尼尔·笛福是英国 18 世纪的作家，是现实主义小说的奠基者。他的小说以描述现实为主，以积极向上、引领人们积极奋斗获得幸福为主要特征。现实主义的小说真实反映现实生活，客观性较强。笛福通过细致地观察现实生活，按照现实生活的样式精准描写他的小说，并希望通过他的小说塑造现实生活中的典型人物。笛福生活在英国启蒙时期，这段时期人们开始觉醒于艺术和文学，对文学和艺术有较高的认识，并能够将对作品的原有认识反映到现实生活中，从而使人们的生活目标明确，且对自己的努力和奋斗获得较高认同感。

（三）作品写作手法

纵观小说，作者运用最多的是写实手法。以第一人称的复述，真实表现鲁滨逊流落荒岛后的心态变化。采用自身日记记录与自述相结合的手法，表现鲁滨逊勇于挑战、追求自由、不甘于平庸的内心写照。通过作者精致准确的描述，使人们身临其境，与鲁滨逊一起去探险。作者的写实手法，体现出作者内心的渴望与积极向上的心态，反映当时社会艺术觉醒的坚定决心。

二、《格列佛游记》作品色彩

（一）作品写作背景

《格列佛游记》的作者是乔纳森·斯威夫特，英裔爱尔兰作家、诗人、政治家，著名的讽刺文学代表人。这本书描写了格列佛在利立浦特、布罗卜丁奈格、飞岛国、慧骃国的奇遇，说明 18 世纪前半期英国统治阶级的腐败和罪恶。他运用丰富的讽刺手法和多重虚构的幻想写法，描绘荒诞离奇的故事情节，反映当时英国议会中激烈的党派争斗，统治阶级的唯利是图、腐朽昏庸，并对殖民战争进行了激烈批判。同时，在一定程度上鼓励殖民地人民反抗统治者的战争。这部小说表达了格列佛作为一个普通人的生活和追求，从侧面说明当时英国统治的黑暗所带来的人民生活困苦。

（二）作者所属流派

乔纳森·斯威夫特是英国启蒙运动中激进民主派的创始人。在此期间，他写出了许多具有讽刺性的文章，被称为英国 18 世纪杰出的政治家和讽刺小说家。激进民主派，顾名思义是用激烈的方法、激进的思想建立资产阶级民主制度。乔纳森·斯威夫特出身贫苦家庭，从小吃了不少苦，了解并切身体会到社会底层人民生活的困苦，从而培养了他敏锐的观察力。后来，在担任都柏林圣帕特里克教堂的主持牧师期间，积极支持并投身于爱尔兰独立自由的斗争。但现实往往残酷，一次次的斗争宣告失败。在他的小说中，能明确感受到对英国腐败政府的批判，对资产阶级唯利是图的丑恶嘴脸的厌恶，极尽讽刺意味，并通过自己的小说释放自己心中对腐朽统治者的不满，无情地抨击了当时英国社会政治、经济、法律等方方面面的劣根性。

（三）作品写作手法

《格列佛游记》写作特色在于讽刺手法的运用，尖锐无情地批判社会中存在的腐朽。第一卷的小人国，这个微缩的国度正是当时英国社会的缩影。一些规章制度、风俗习性、各党派之间的明争暗斗、官员阿谀奉承的丑恶嘴脸，完全是英国社会的真实写照。这里，作者极尽嘲讽，表现出对英国政府的不满。第二卷里，作者直接挪用英国政府的规章制度，向国王介绍自己的国家，毫不遮掩地把其中的丑恶行径、残暴之处公之于众。在大人国眼里，英国是一个完全腐坏的社会，充斥着暴力、凶残、不公、野心。第三卷里，作者对拉格多科学院的人从事无聊荒唐的研究进行无奈嘲讽，表现出对英国伪科学追捧荒唐之风的抨击与讽刺。第四卷中，作者对人性产生怀疑，在资本主义社会，人与人之间好像只存在纯粹的金钱关系，丝毫没有感情可言。

作者通过现实与幻想的强烈对比，反映其内心对民主、清和、自由、平等社会的渴望。在英国社会真实现状的基础上，凭借自己的丰富想象及渊博的物理、数学、天文等方面的知识，把讽刺寓于小说之中，表达自己心中的不满之情。

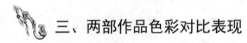

三、两部作品色彩对比表现

（一）作品产生的时代背景不同

两部小说产生在英国不同统治者的统治时期，笛福生活的年代相对平静且人民生活稳定，所以，当时整个英国的风气是积极向上的且能够鼓励人们通过自己的奋斗获得幸福。但是，斯威夫特所生存的时代，是英国统治的黑暗时期。这一段时期人们生活黑暗且困苦，对人们来说简直犹如生活在噩梦之中。所以，斯威夫特借小说嘲讽了当时社会的世态炎凉。

（二）作品主角设定不同

笛福以真实事件为原型，通过第一人称叙述的手法描写一个流落荒岛28年的冒险商人在岛上与奴仆"星期五"的生活。鲁滨逊是一个坚强、勇敢、顽强的人，虽流落荒岛，面对大自然不时给予的危险与不安，仍积极乐观地活着。这就是人性的力量，无论身处何地，仍处变不惊，不辜负自己的生命历程。斯威夫特生活的时期正是英国最黑暗的时期，主人公格列佛也是一个喜欢冒险不甘心平庸的人。他聪明多识、为人善良友好、愿意助人为乐。在所游历的国家中，对所见所识敢于说出自己的观点，反映出作者内心对当时社会不公的批判与讽刺。

（三）作品情景设定不同

《鲁滨逊漂流记》是作者对真实事件的改编，把一个不小心流落荒岛却充满冒险精神的商人在荒岛上自强自立生活的故事呈现在小说中。作者希望通过小说激励当时的人们，解放思想，积极面对生活中的艰难困苦等。《格列佛游记》则通过作者丰富的想象，虚构主人公游历小人国、大人国、飞岛国等现实生活中不存在的国度所遇见的离奇事件。对几个国家的描写，运用夸张、寓言的手法，表达出作者心中对现实社会黑暗腐朽的讽刺。

（四）作品描写视角不同

《鲁滨逊漂流记》通过描述主人公鲁滨逊如何在荒岛自强自立生存的故事，鼓励人们面临困难不要退缩，应该迎难而上，学会变通，不要一味地追求物质。作者站在积极向上的人生角度鼓舞读者。《格列佛游记》则通过主人公之口表达自己对黑暗社会不公的不满与抨击，是站在被压迫贫苦人民的视角来讽刺社会的腐朽。

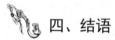

四、结语

通过作品背景、作者流派、主角设定、情景设定等角度，全方位对比两部小说作品色彩的不同。《鲁滨逊漂流记》更像是一本宣传自力更生、积极向上、勇往直前的精神读物，告诉人们在困难时决不放弃，坚持到底，克服困难，终将迎来曙光。《格列佛游记》却像是一本连环画册，把主人公在几个国家的奇异经历呈现在读者面前，让人有一种身临其境的感觉，让读者与格列佛一起到各国游历，通过天马行空的想象，表达作者对黑暗社会的无情嘲讽，对人性冷漠的抨击与批判。

作品来源

发表于《开封教育学院学报》2015 年第 8 期。

《鲁滨逊漂流记》与《桃花源记》理想空间建构之比较

杜苗苗

导 读

　　18 世纪英国作家笛福的《鲁滨逊漂流记》开创了英国荒岛文学的传统；魏晋南北朝时期陶渊明的《桃花源记》开创了中国文人的"桃源"情结。作为两位作家理想空间载体的荒岛和桃源，两者处于异质文学中，且处于不同的时代。本文试图从时代背景、创作原型、所描绘的理想空间等方面对两部作品中理想空间的建构之异同进行分析和比较。

　　《鲁滨逊漂流记》创作于 18 世纪，是英国作家笛福的代表作。小说分三部分，记述了鲁滨逊遭遇海难后在荒岛生活了 28 年的经历。我国东晋时期陶渊明的《桃花源记》则通篇讲述了一个人误入世外桃源的故事。笛福笔下的荒岛和陶渊明的桃源都是作者有意营造的理想空间，都通过作品将其文学化、具体化了。

 一、时代背景

　　王国维说过："一时代有一时代之文学。"当时的英国及欧洲其他国家，资本主义开始萌芽并快速发展，海上贸易和殖民活动兴起，航海家、贸易家、商人、船长、奴隶主等新的市民阶层出现；宗教改革赋予他们追逐物质财富的目的与行为以合理性和高尚性；自然科学的发展，使得人们逐渐脱离了迷信，科学与理性的精神在文学中得到强化。此外，小说这一文学形式也开始盛行。正是因为有着这样复杂深刻的时代和文化背景，人们对《鲁滨逊漂流记》的主题也就有了多种多样的理解，包括"新兴资产阶级开拓者和殖民者形象"、清教的奋斗史、在清教指引下的人的精神自赎，甚至有人"从科学技术发展史的角度来解读《鲁滨逊漂流记》"。①

陶渊明生活在公元365—427年，经历了三个王朝的变更。那个时代，政治动荡，社会黑暗，杀戮频繁，隐逸之风和玄学盛行。也正是在这种情况下，文人意识觉醒。《桃花源记》从这种意义上也可以说是陶渊明对当时现实无奈的批判和对理想生存状态的憧憬。

"东晋年间诗坛几乎被玄言诗占据着，使诗歌偏离了艺术，变成了老庄思想的枯燥注疏。"人们对生命的极度忧患反映在文学上，使当时的文章要么充斥着隐逸之风，貌似豁达超脱，实则是"将精力倾注于主观精神空间"；要么沉湎于及时行乐、放浪形骸，深陷于悲天悯人而又无能为力的痛苦中。这又与深植于文人风骨中儒家的大济苍生、建功立业思想之间形成了落差。因此，避世、游仙、咏古、神怪灵异这些主题便经常出现于文学作品中。比照《桃花源记并序》，就会发现这些主题或多或少都有所涉及，如桃源人的避世、桃源藏于洞后涉及道教的洞穴崇拜；桃源的原型影射佛教净土，内容又似游仙和当时流行的神怪灵异小说；桃源的古朴风俗和法制又类似老子的小国寡民，同时又符合儒家"民贵君轻"的思想。"他的清高耿介、洒脱恬淡、质朴率真、淳厚善良，他对人生所做的哲学思考，连同他的作品一起，为后世的士大夫筑就了一个精神家园。一方面可以掩护他们与虚伪、丑恶划清界限，另一方面也可使他们得以休息和逃避。他们对陶渊明强烈的认同感，使陶渊明成为一个永不生厌的话题。"②

二、创作原型

《鲁滨逊漂流记》的直接创作原型来源于一个水手的真实经历。"1704年赛尔柯克因为船上水手叛变而被抛弃到智利海外的一个岛上，在那里经历了近五年的艰辛生活，后得到航海家罗杰斯的营救才得以回国。"这个故事被作者加工改造，赋予了很多新的情节和思想，使其成为一部文学史

---

① 荆晶：《清教伦理视角下的〈鲁滨逊漂流记〉》，南京师范大学2007年硕士学位论文，第4页、第11页。
② 杨斗：《莫信陶潜竟平淡　二分梁甫一分骚》，学理论，2009年第2期，第193页。

上具有重要意义和价值的作品。而它的主人公鲁滨逊也变得家喻户晓，这一人物形象有着作者自己的影子，如不安分的新生阶级、旧阶级的反叛者、资产阶级开拓者和殖民主义者、精神探索者、辛勤的劳作者、高尚的商人等。

《桃花源记》的创作原型相对更加复杂，对主人公武陵捕鱼人和世外桃源学界历来都有争议。据陈寅恪先生考证，"陶渊明的《桃花源记》是《搜神后记》的《桃花源记》的增修写定之本"。按此推断，主人公原型有可能是采药者刘子骥。同时"陈先生认为《桃花源记》不仅为寓意之文，也是纪实之文，考证颇为细致。然《桃花源记》为纪实之文，实难证实，寓意之文，则普遍认同"。[1]如将《桃花源记》看作纪实之文者，则多依据作者对桃花源的描述来联系现实的地点，有湖南省桃源县逃船洞、重庆大酉洞等。很多仅凭语言描绘中的相似场景来推断，主观臆断现象较多，争议也就颇多。而作寓意之文者，立论也很丰富。有人认为，桃源是道教中的福地洞天，是灵异之地，所以认为《桃花源记》是一篇游仙之作；有人认为，这篇作品的成文是源于当时的神仙怪异小说的发展；更多的人认为，桃花源是作者心中理想社会的文学化建构，这里与世隔绝、民风淳朴、无君王赋税，尚古制、循古法、人人平等、日出而作、日落而息，"童孺纵歌行，斑白欢游谐"，被誉为东方的乌托邦。既能看出老子的"小国寡民"，又能看出孔孟儒家的民生构想。而其中的"无君论"思想，据谭家健先生的研究，来源于《抱朴子·诘鲍》中鲍敬言的思想。要言之，《桃花源记》应该是在当时动荡社会背景下，陶渊明杂糅吸收种种思想与学说，融于一篇无关虚实的游记中，而其能指也是复杂的。

三、理想空间

笛福和陶渊明的作品中都营造了各自的理想空间，从文章的描述，我们可以通过直观比较看出东西方文化在异度空间建设上的观念差异。

---

① 李斯斌:《〈桃花源记〉的游仙叙事与新自然观》，四川师范大学学报，2009 年第 2 期，第 91 页。

（一）相似点

其一，封闭的空间。桃花源和荒岛之所以吸引人，能成为一个理想空间，首先是因为它们是封闭隔绝的空间。正因为是隔绝的，所以不同于我们的现实生活环境，可以有无穷的遐想空间。作者可以在这个空间中以自己的理念营造一个理想空间，可以荒诞、神秘，只要符合作者的理念和信仰。

其二，来而又返和来此空间的方式。不论是捕鱼人的"停数日，辞去"，还是鲁滨逊28年荒岛生活后又返回英国，他们必须回到现实生活，只有这样他们的理想空间才是纯净而不受污染的。诗人正是深知这种理想社会在现实社会中无法实现，所以在结尾便将他亲手营造的理想社会或迷失或离弃，使作者及读者都陷入深深的惋惜和痛苦之中，尤其是桃源的迷失，使之成了一部完整的悲剧，也由此可折射出作者内心的矛盾与挣扎。《桃花源记》中对捕鱼人进入桃源的交代比较简略，说成是"误入"；和捕鱼人一样，鲁滨逊也是在强烈的自我流放感驱使之下无意中进入荒岛的。这些只是作品字面的描写，而事实上这看似偶然的事件其实是必然的；正如这个理想空间的存在是虚幻的一样，进入此空间的方式当然也就不应该是常规的，而是偶然、离奇的，这样才能有助于作品的构成。

其三，不知时日。桃源中的人"问今是何世，乃不知有汉，无论魏晋"，而流落到荒岛的鲁滨逊也在一场大病后使"他的编年顺序中成为一种断裂：在鲁滨逊的日历上，有一天漏记了。这样，克鲁索被抛到世俗时间之外。所以，保尔·艾尔肯把《鲁滨逊漂流记》中的时间分为世俗时间和永恒时间"。①所以，准确地说"不知时日"该是理想空间，是"不知世俗时间"，两种时间是不能兼容的，理想空间自然应该有相应的属于自己的独立时间系统。在桃源中便是自然的四季时序，"草荣识节和，木衰知风厉。虽无纪历志，四时自成岁"；而在荒岛上，这个因为鲁滨逊的到来而成为理想空间的地方，时间系统便是鲁滨逊每日的祈祷与日记。

其四，农业活动。鲁滨逊在荒岛上辛苦劳作，生产出了各种供他生存的食物，甚至是有些奢侈的美酒。桃源人"相命肆农耕，日入从所憩"，有良田、美池、桑竹，富有而安康。劳动是供他们生存的唯一手段。荒岛

---

① 钟鸣：《〈鲁滨逊漂流记〉的双重解读》，外国文学研究，2002年第3期，第80页。

上和桃源中的农业活动有着另一个相似点——"效古法",桃源中的人"俎豆尤古法",而鲁滨逊在英国工业革命已然兴起之时,却在荒岛上从头开始摸索,仿佛人类之初的所作所为一样,来努力开创出一个新社会。这其中应该都包含着作者对以往生活的肯定和怀念,也显示了作者对自然的尊敬、对农业的推崇。

（二）相异点

其一,空间的容纳性。笛福营造的空间是只适合鲁滨逊一个人的,虽然后期出现了"星期五",但这个角色是引导出以后鲁滨逊能离开这个空间,并且是他的臣服者形象。他并未为这个空间的建构起到决定性因素,他所做的只是补充与完善,并且在他出现后不久,鲁滨逊便离开了这个空间。从这个意义上讲,荒岛只是为鲁滨逊而存在的。而桃花源中却群居着一族逃避秦时战乱的人们,并且已经在此繁衍生息数百年之久,可谓是一个集体社会。

其二,来此空间的原因。捕鱼人来桃源的原因在《桃花源记》中并未直接交代,只是说是他在捕鱼时迷路便进入桃花源的,但作者的创作动机才是渔夫来此的真正原因。这就与上面交代的时代文化背景如动荡的社会、避世游仙,作者的个人经历如"性本爱丘山"等有着密切的关系。鲁滨逊进入荒岛的直接原因是海难。本来他应该过上安稳的中产阶级生活,但他一心想离家出走,什么是他的动力?"对物质财富的无休止追求,以职业劳动或世间使命为唯一任务的天职观和爱自由独立、喜探究新奇和富冒险意识的实践主义精神三者交织在一起,共同构成了鲁滨逊离家出走的动力。"①上帝的处罚使他流落荒岛,给了他一片未开垦之地,而这样的土地正是身为新兴资产阶级实践家的笛福所憧憬的,这个空间为新兴资产阶级提供了大显身手的条件,可以说笛福为新兴资产阶级的优越性在文学领域进行了探索。

‖ 作品来源 ‖

发表于《丝绸之路》2011 年第 22 期。

---

① 荆晶:《清教伦理视角下的〈鲁滨逊漂流记〉》,南京师范大学 2007 年硕士学位论文,第 4 页、第 11 页。

忧郁的王子 快乐的流浪汉
——《哈姆雷特》《鲁滨逊漂流记》中两位主人公的历史和文化解读

乔劲松

导 读

　　在莎士比亚的剧本《哈姆雷特》中，主人公——丹麦的王子哈姆雷特，被刻画成一位忧郁的学者型王子。作为一个理想主义者，他对现实总是嗤之以鼻，深恶痛绝。而在笛福的小说《鲁滨逊漂流记》中，主人公鲁滨逊虽然身处逆境，流落孤岛，却对生活、对未来总是充满希望，具有很强的现实主义精神，是一个快乐的流浪汉。两位主人公截然相反的性格特点，无一不受他们身处的社会历史文化潮流的影响。文章试图从两位主人公所处的时代背景、生活经历、斗争对象等几方面来探寻造成他们不同的性格类型和人生态度的社会历史文化根源。

一、引言

　　《哈姆雷特》《鲁滨逊漂流记》两部作品分别为英国文艺复兴时期作家莎士比亚和英国新古典主义时期作家笛福笔下的代表作。在两部作品中，莎士比亚和笛福为读者展现了两位不同性格类型的男性主人公形象。其中，哈姆雷特是一位忧郁的学者型王子，他多思、善感，对事物往往具有很深的洞察能力。同时，随着剧情的发展，他也表现出了自己性格柔弱的一面：他办事犹豫不决，"病态的思考多于积极的行动"。而鲁滨逊却是一位精明强干、勇于进取、意志坚决、充满乐观精神的真英雄。

　　两位主人公在面临人生的困境（哈姆雷特：父王的突然去世、母亲的匆匆改嫁、自己的王位继承权的丧失以及难以承受的为其父报仇的重任；

鲁滨逊：落难荒岛、孤立无援、环境恶劣、生活中充满恐惧）时，两个人却表现出了不同的人生态度：哈姆雷特忧郁、彷徨、犹豫不决、悲观厌世；鲁滨逊却乐观、勇敢、踏实肯干、讲求实际。

那么，究竟是什么原因导致了两位主人公具有如此不同的性格类型和人生态度呢？笔者试图从两位主人公所处的时代背景、生活经历及斗争对象等几方面的比较来探寻造成他们不同性格类型和人生态度的社会历史文化根源。

二、所处时代背景的不同

《哈姆雷特》剧本体现的是 16、17 世纪英国封建体系瓦解、资本主义关系兴起的交替时代。当时，在新兴的资产阶级社会阶层中诞生了主张人类自由发展、全面发展、肯定生活、争取幸福的进步的人文主义思想。而当时的伊丽莎白王朝因其本质上是封建性的，所以日益暴露出它的腐朽性、反动性。国会斗争、社会骚动、政治阴谋纷至沓来，从而引起人的思想感情也发生一系列变化。作为一个人文主义代表者的哈姆雷特，面对社会丑恶的现实，他斥责道："上帝啊！人世间的一切在我看来是多么可厌、陈腐、乏味而无聊！哼！哼！那是一个荒芜不治的花园，长满了恶毒的莠草。"生活的现实告诉他：他所生活的那个时代只不过是"一个不毛的荒岬"和"一大堆污浊的瘴气的集合"。残酷的现实使得哈姆雷特的理想不断破灭，也使得他的心情无比忧郁。

而《鲁滨逊漂流记》却体现了英国资本主义发展的上升时期。在这个时期，英国的经济得到了飞速的发展，作为英国工业革命的主力——资产阶级，也得到了迅速的增加：贸易商、制造商、奴隶贩子以及殖民主义的投机家，都纷纷加入了这个阶级的行列。马克思指出：18 世纪英国的资产阶级是一个与封建贵族相去甚远的革命阶级。他们懂得贫困与艰辛，他们中的大多数是通过艰苦的努力才达到现在的社会地位。他们相信自我克制、自力更生与艰苦工作。工作、节俭、积累财富构成了他们生活的整个意义。鲁滨逊，作为新兴资产阶级的代表者，深深懂得劳动的意义，"一般说来，可以这么说，我很少有空闲的时候。对每天必不可少的日常工作，我都定时进行，生活很有规律"。同时，他还懂得"空想是没用的"，实干、创造才是"绝对真理"。在岛上独居，他就是凭着这种精神自己动手，丰衣足食的，"如果我们能对一切事物都加以分析比较，精思明断，则人人都可掌握任何工艺。我一生从未使用过任何工具，但久而久之，以我的劳动、勤勉和发明设计的才能，我终于发现，我什么东西都能做，只要有适当的工具"。鲁滨逊作为一个资产者，他对荒岛和土著怀着强烈的占有欲，"我沿着风景秀丽的山坡往下走了一段路，心里暗自高兴，却又夹杂着苦恼。我环顾四周，心里不禁想，这一切现在都是我的，我是这地方无可争辩的君王，对这儿拥有所有权，如果可以转让的话，我可以把这块地方传给子孙后代，像英国采邑的领主那样"。正是不断的劳动和强烈的占有欲使得鲁滨逊在荒芜人烟的孤岛上忘记了烦恼和寂寞，并在劳动中品尝着快乐，在占有中得到满足。

三、生活经历的不同

作为老丹麦王的王子、合法继承人——哈姆雷特，从小过着无忧无虑、养尊处优的生活，长大后，他到了欧洲人文主义的中心——威登堡大学留学。在那里他接受了一整套新的哲学思想，这种思想使哈姆雷特认为人应当像天神一样伟大。"人类是一件多么了不得的杰作！多么高贵的理性！多么伟大的力量！宇宙的精华！万物的灵长！"在少年王子的想象中，他的亲人都是符合这种理想的人，尤其是他的父王老哈姆雷特。可是，正当欢乐的王子沉醉在这种天真幻想中时，突然传来父王死去的不幸消息，这对于年轻的王子来说简直是祸从天降！哈姆雷特简直无法相信，现实中的人是如此卑劣可恶！他的亲叔叔为了登上王位，竟然毒死了自己血统上最亲近的手足同胞！而他的母后在父亲尸骨未寒时便嫁给了这个杀人凶手！王子愤怒之情溢于言表："啊，最恶毒的妇人！啊，奸贼，奸贼，脸上堆着笑的万恶的奸贼！"面对无情的现实，王子的美好理想彻底破灭了，再加上"为父报仇"这项令他难以承受的使命，"这是一个颠倒混乱的时代，唉，倒霉的我却要负起重整乾坤的责任！"从而使他的神经大受刺激，以至于说话也疯疯癫癫，于是他索性就装起疯来。

而鲁滨逊呢？他出身于一个他所认为的上流社会家庭。可他并没有世袭的高贵身份，这一点无论如何也不可能与哈姆雷特的出身相比，据他本人描述，他应该是出身在一个成功商人的家庭。"父亲是德国不来梅市人。他移居英国后，先住在赫尔市，经商发家后就收了生意，最后搬到约克市定居，并在那儿娶了我母亲。"鲁滨逊作为家里最小的儿子，父母曾送他到寄宿学校就读，想要他将来学法律。可是，鲁滨逊对一切都没兴趣，只是想航海。他向往外面的世界，雄心勃勃，不安于庸俗舒适的生活。他几度出海经商，终于成为一个富有的种植园主。但他仍不满足，为了到非洲去贩运黑奴，他明知海上灾难重重，却又一次踏上航船，结果，途中遭遇海难，其他人全部丧生，只有他，经过奋力拼搏，漂流到了一个孤岛上，在那里，他度过了 28 年与世隔绝的生活。他自己认为："我这一生犹如造物主的杰作，光怪陆离，浮沉不定，变化无常，实乃人间罕见。"若说鲁滨逊也有不幸的话，那不幸是他自己给自己创造的，而不是外界强加于他的。所以他从不怨天尤人，要么他怨恨自己，要么他认为这是上帝的安排。

四、斗争对象的不同

很显然，鲁滨逊和哈姆雷特两位主人公所面对的敌人是决然不同的。哈姆雷特的敌人是"人"，而鲁滨逊的仇敌是大自然。人世间的丑恶有时比变化无常的大自然对生灵的屠害更加残酷。我们首先来看一看在哈姆雷特眼里，他周围人的丑恶嘴脸吧。

他的叔叔克劳迪斯：一个杀人犯、一个恶徒、一个冒充国王的丑角、一个盗国窃位的扒手！

他的母亲：脆弱啊，你的名字就是女人！只有一个月的时间，她流着虚伪之泪的眼睛还没有消去红肿，她就嫁人了。啊，罪恶的匆促，这样迫不及待地钻进了乱伦的衾被！

他的恋人奥菲莉娅：我也知道你们会怎样涂脂抹粉；上帝给了你们一张

脸，你们又替自己另外造了一张。你们烟视媚行，淫声浪气，替上帝造下的生物乱取名字，卖弄你们不懂事的风骚。

他的大学同窗罗森格兰兹：一块吸收君王的恩宠、利禄和官爵的海绵。想想哈姆雷特身边的这些人，要么阿谀奉承，要么投机钻营，要么凶狠残暴，而哈姆雷特却是一个那么完美的人，他怎能不痛苦，怎能不忧郁？

而鲁滨逊却单独一人生活在快乐的王国里。"我在这里摆脱了一切人世间的罪恶。我既无'肉体的欲望、视觉的贪欲，也无人生的虚荣'。我一无所求，因为，我所有的一切，已尽够我享受了。我是这块领地的主人，假如我愿意，我可以在我所占有的这片国土上封王称帝。我没有敌人，也没有竞争者与我来争权夺势。"所以，鲁滨逊很满足，很快乐。他唯一的斗争对象就是大自然。而大自然却是有规律可循的。"现在我知道，在这儿不像欧洲那样，一年分为夏季和冬季，而是分为雨季和旱季。""雨季有时长，有时短，主要决定于风向。""生活经验告诉我，淋雨会生病，我就在雨季到来之前贮备好足够的粮食，这样我就不必冒雨外出觅食。在雨季，我尽可能待在家里。"所以说，大自然是可以战胜的。而人世间错综复杂的人际关系，尤其是皇宫里的阴谋，却是十分复杂、光怪陆离的。

作品来源

发表于《英语广场》2015 年第 8 期。

第四章

艺苑缤纷·影视鉴赏

《鲁滨逊漂流记》：从文学到电影的改编

黄道玉

导 读

随着时代的发展、社会的进步，人们的精神需求也在不断地发生变化。电影作为一种大众娱乐的方式，其情节和人物的塑造也变得越来越具体。由于人们对精神方面的需求越来越高，而电影作为精神享受的一种载体形式，被更多的人认可。因此电影业也呈现出极好的态势，同时也促进了电影的发展，在对电影的改编过程中更加重视电影的特殊视域和视觉呈现。文章以电影改编为主题，以《鲁滨逊漂流记》为例简要探讨由小说到电影的改编过程，并对这部电影进行赏析。

电影的成功与否在很大程度上和它的器材有关系，同时要想在人们的心目中占有极高的地位，那么在前期的制作上就应该考虑它具体呈现的特点。由于电影市场在这些年的发展中取得了一定的成绩，也给电影业的进一步发展找到了出发点，人们观看电影的品位也在不断地提高。过去那种纯搞笑而没有实际内涵的电影，在电影市场上已经饱受诟病。所以电影制作人在进行电影的取材中，开始越来越多地朝着经典名作的方向发展。比如《鲁滨逊漂流记》这部传世之作在经过改编后得到了非常好的效果，受到了广大观众的喜爱。

这部电影改编的成功之处在于采取特殊的视域以及合理的视觉呈现，通过艺术的手法将小说的精彩内容进行合理的改编，生动地呈现在观众面前。由于特殊的视域把故事中主人公的内心想法和动作表情真实地表现给观众，给观众留下了非常深刻的印象。下面我们就对《鲁滨逊漂流记》这部小说改编的电影进行探讨，简单阐述电影改编过程中的实际效果。

一、从小说到电影

不可否认的是文学作品和影视作品在很大程度上有着相通性，两者有着共同的艺术表达诉求，都是想把一个故事或者想法表达出来被更多的人熟知，但是它们在表达形式上也存在着一定的差异。小说的魅力在于依靠生动形象的文字描写来尽可能地激发读者的想象，而影视作品则恰恰相反，它是要把人物的世界和事件发生的场景全面地展现在观众面前，目的在于描述出观众所想的世界甚至创造性地描述一些唯美的画面引起观众的共鸣。小说和电影既具有一定的联系性同时也存在着一定的差异，使得它们两者在当下的文化氛围中需要完美地结合。对于电影来说，影视的改编其实是一个非常复杂的过程，在很大程度上受到导演的性格影响。不可否认的是作家和导演在对艺术的偏好上可能存在很大的差异，所以导演在借鉴文学作品的时候往往根据自己的喜好或者自身的审美趋势，使得电影中展示的故事情节和传达出来的价值观与文学作品的价值观传递和审美体现有很大的不同。

影视作品的伟大之处在于，它能将看不见摸不着的思想通过画面和声音的效果呈现在观众面前。在对《鲁滨逊漂流记》的改编中，画面的转换和思想的升华在很大程度上是作者的功劳，作者具有很强的空间立体感和思想升华能力，所以一个好的电影题材是一个改编电影成功的一半；电影以改编经典小说的形式，首先就能够保证电影的受众，比如《鲁滨逊漂流记》这部由小说改编来的电影，一听到这个名字大家就会有想去看看的欲望。这部经典的电影不仅在本国有着极高的人气，在国外也受到很多文学爱好者的追捧，所以当电影版的《鲁滨逊漂流记》放映时得到了很高的呼声。那种不屈不挠的个人英雄主义和战胜自我的伟大精神，已经超越了小说的时代性，不管是什么时代都得到了后继者的认同，在不同的时代产生了共鸣，这是伟大的。

二、小说主题的再现

以小说为影视题材的作品，如果只是简单地对小说中的人物进行描写，那么这部电影将会显得毫无生命力。对于小说中人物的个性塑造，在个人行为动作的基础上，还要通过人物的心理描写和动作表情描写。而影视作品要想在大银幕上塑造人物的性格和个性特点，就必须将作家在小说中体现的人物心理和感情，通过演员的动作、表情、语言表现出来。不管怎样的影视改编都少不了对人物的塑造，这一点和小说的理念是相通的。小说一般通过长篇的文字叙述，向读者传达出多个主题思想，只要是符合作者的审美观和价值观就可以。但是电影的改编不能这样，电影的改编要符合观众的价值观要求，不然就是一个失败的影视作品。所以影视的改编过程中导演一定要在小说中提炼出一个符合大众价值观的主题思想，以叙述的方式不断地提炼小说中的语言，争取做到演员说的每句话都足够经典，最好的效果就是通过语言或者身体语言达到和观众产生共鸣的效果。

电影改编在艺术呈现上也发生了很大的变化，人们从简单的小说场景的再现到深挖小说的内涵，从不同的视角重新审视了《鲁滨逊漂流记》，小说给读者呈现的独特风格为影视作品的改编提供了线索：小说在写作上采用了新闻记录的风格，对细节的刻画极为细腻，这也能体现出作者的水平很高，通过细节将人物的性格展现得淋漓尽致；故事中主人公具有非常丰富的思想也为影视作品的改编提供了深刻解读的基础；整个故事是以主人公的冒险经历来呈现的，在一定程度上已经超越了国界，使得"鲁滨逊"这一形象在全世界成为一种符号，使得整部影视作品在定位上站得更高。

三、影视化叙事中的时空

（一）空间的叙事功能

影视作品在叙事中，表现的是相对空间和整个事件中的比例相协调，这样的目的是引起观众的视觉和感情的激荡，把平淡的叙述变得更加具有看点。对于小说来说一个故事的呈现要从整体再到细节，但是影视作品有很大的不同。

在 1997 年美国改编的电影中，在一个暴风雨的夜晚鲁滨逊的独木船被海水冲走的一瞬间，还有鲁滨逊偶然看见路过的船只时，电影的场景设置都是采用了水平位置突降的方法。大景深的手法使得画格对故事中的人或者事物变成了电影的焦点，很好地突出了叙事的对象，观众随着摄像头的场景变化内心的感情也出现很大的变化。到了 2003 年法国版以小说改编的电影，鲁滨逊被暴风雪冲到岛上，经过一段时间的调整后，在岛上生活得比较顺利，但是随着灾难的接连到来，使得作者渐渐地失去理性，影视作品采取大景深来表现出人类在大自然面前的脆弱无力，同时又用夸张的前景展现出主人公在受到打击后内心接近崩溃。对于画格的构图是影视作品的一个重要构件，充分地考虑人眼对视觉的刺激反应因素，比如对光线、色彩、形状、画面等都做了一定的平衡调节。

一部影视作品要想取得好的效果就要从故事的起因、发展和高潮中解决问题，要想实现这三个过程的转变一定要打破这三个部分在影视中的平衡感。对于人物内心的刻画上也可以通过改变不平衡感来展现和突出，比如在 1946 年苏联版的改编中，鲁滨逊刚到孤岛上时镜头展示的各种活动的场景——疯狂的海潮和晃动的树影都极大地体现了不平衡感。但是等到鲁滨逊开始渐渐地适应那里的生活后，镜头的特写如"蜘蛛在海滩上爬行、小树的发芽、枯木的新生"使得前面的不平衡渐渐地被打破，这也说明鲁滨逊在海岛上的生活渐渐地平静下来。

（二）时间的叙述功能

在电影中的时间设定和我们现实的生活有着很大的不同，主要分为故事时间、叙事时间，当然也包括放映的时间。这也是由于电影的呈现在时间上有很大的限制，所以在拍摄电影时一个好的导演会对故事中的冗杂环节进行剪切，尽量找出亮点给观众视觉的冲击和感情的震撼。在对时间的处理上导演要做好严格的把控，为了推动故事的发展，导演要对时间进行

"减缓、加快、停止"，在这三种情况下来回地切换，在电影中导演还可以通过时间的转换来实现平行时空。导演正是通过这种对时间的把控来实现整个故事的戏剧性效果。在对《鲁滨逊漂流记》的改编中，几乎所有的版本都采用了蒙太奇的手法，通过对时间和空间的快速转换或者是直接剪切，最终组成了一个思想的空间，其形成的过程即是蒙太奇手法的呈现。这种呈现会带来电影中时空的转变，时间的流逝伴随着人物情绪的变化，这种手法一般通过空白的镜头来实现。

四、影视中的剪辑、音效和画面信息

在电影的展示中，通过在时间和空间上的快速分离处理就会出现一个更加宏大的故事场面和思想变化角度，最终形成了我们常说的蒙太奇。在现在电影艺术中，蒙太奇的作用可以表现出时间的流逝、一个不同时代的到来以及一个人物的心情和人物情绪的转变，现在蒙太奇可以用来展现电影中的叙事结构，实际情况是采用没有对白的一系列镜头来描绘当时的场景。早在 20 世纪 20 年代，在电影的剪辑中就出现了比较实用的 5 个剪辑技巧，为现代电影打下了良好的剪辑基础。在《鲁滨逊漂流记》这部小说中主人公经常需要一个人面对当前的困难，在解决问题时又会带来主人公情绪上的变化。在《鲁滨逊漂流记》改编后的电影中也会对故事中的主人公采取一定形式的人物塑造。特别是故事中的主人公心情的变化，在影视作品中体现得比较到位。这样通过影视画面来展现出主人公的内心世界变化，是通过良好的剪辑以及在剪辑中对当时环境的良好把握，同时在剪辑中充分地利用了重点烘托的方法将《鲁滨逊漂流记》中人物的性格和心理世界的变化凸显出来的。

在小说《鲁滨逊漂流记》中主人公经过短期的思想颓废以后，马上认识到自己要振作起来，要挣脱当前的命运。在电影的展示中其意义和价值往往都体现在某一个瞬间，对于故事中人物挣脱命运的变化时，电影中对这个画面做了充分刻画。在小说中一个故事情节的推动必须有人物心情的变化和其他事情的突然发生，但是在电影中这方面的展示却显得比较被动，它只能通过画面来推动整个故事的发展。所以单单采用剪辑的手法是远远不够的，一定要借助于影视制作中的音响效果和画面的后期制作。通过声音的变化来烘托出《鲁滨逊漂流记》中整个故事情节的变化以及人物的心理变化。通过对画面的特效制作，可以给观众留下深刻的印象，同时还能够很好地展现出小说和电影的故事主题，这样才能实现《鲁滨逊漂流记》这部小说的改编意义，使得改编电影最终找到和小说故事的切合点，最大限度地发挥出小说的主题思想作用。

五、人性的回归

很明显，作家在创作《鲁滨逊漂流记》这部小说时，不仅仅是在向人们展现一个人的冒险经历，而且是向我们展示了人类在遇到大自然的灾难时的一种人性的回归。

在《鲁滨逊漂流记》这部小说中最让人感动的就是，它充分地肯定了个人价值是一个时代的重要特征，当一个人远离了喧嚣的世界文明后，会自然而然地产生一种孤独感，人类作为一种群居性生物在这个世界中该如何处理好自己和世界、自己和自己的关系？这就是《鲁滨逊漂流记》这部小说的伟大之处，同时在影视作品中不管是哪个国家的导演和演员都将表现出这一主题，让人们产生思考。这才是小说的内涵，当然也是改编电影应该突出的主题。在小说中更加强调人性，在那样一个荒岛中，在孤独的环境下，可以很好地凸显出人性的特点，进而引起人性的反思。这样的一种立意使得整部小说变得更加具有内涵和哲理，也是这些年来各个国家不断改编《鲁滨逊漂流记》这部小说的真正原因。不管是怎样的时代，人性的回归都是人类内心的呼唤，只是在不同的时代，展现的方法和手段不同，但是都是想达到同样的人生启迪作用。

六、结语

《鲁滨逊漂流记》作为一部受到全世界人们喜爱的文学作品，被很多国家和地区改编成电影。虽然是同一个故事，但是呈现在观众面前的，有着不同的感受。说明随着时间的推移，人们又赋予了这个故事新的内涵，可是唯一不变的是这个故事跨越了国界，向人们展示了人类在面对大自然灾难时是弱小无力的，我们只能适应大自然。同时也向我们展示了一个人内心强大的本质，通过不断地调整让自己懂得如何与自己相处。

‖作品来源‖

发表于《电影文学》2015年第22期。

演员创造角色——小说与电影《鲁滨逊漂流记》的角色对比

耿黎明

导　读

　　当今，人类已经进入信息时代，面对高新技术的发展，从传统文本走向超文本的电子时代，而电影的问世，已经成为传播知识的重要手段。而小说等文学作品却是电影的依据之本，没有文学剧本，演员也无法进行角色的二度创作。但是，无论是以语言为载体的小说，还是以运动的画面为传达媒介的影视，都存在着一种远远高于具体文本之上的、一种难以用语言表达的东西，而这正是两种艺术共同追求的目标。

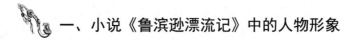

绪论

　　表演艺术的主要特征之一是演员要"化身成角色"，而演员，作为一个创作者，当然应该起着主导的作用。他必然是以自己的认识水平去分析与认识角色，以自己的创作方法和专业技巧去塑造人物，并且在整个创作的过程中把握着创作的方向。

　　但是，另一方面，演员是在剧作家所创作的文学形象的基础上进行再创作，这个文学形象是剧作家以文字和语言创作出来的，它是有它自身的客观标准的，即它在一定的程度上给演员的创作以规范。这就决定了演员既是创作者，但又要受到他所创作角色的形象要求的制约。

一、小说《鲁滨逊漂流记》中的人物形象

小说家笛福采用纪时性航海回忆录的文学体裁，塑造的鲁滨逊是一个

新兴资产阶级的代表人物，一个理想化的英雄。

作者用生动逼真的细节把虚构的情景写得使人如同身临其境，使故事具有强烈的真实感。鲁滨逊出身于中产阶级，从小就梦想出海远航，海外的新世界像一股不可抗拒的魔力诱惑着他。他雄心勃勃，决心舍弃这种安逸舒适的平庸生活离家出走，第一次出海，他几乎被淹死；当第二次出海时，又被海盗掳去，经逃出后接着在巴西发了财，但他仍不安于现状，结果再次遭遇海难只能留在海岛上。他流浪多年，历经千辛万苦，终于获取了一笔可观的财富，并且收服一位忠心的仆人"星期五"，而最后也是通过他自己的聪明智慧劫获了一艘过往的船只而带着"星期五"最终离开荒岛。小说把他的每一个做法、想法、心理过程都详细地描述了出来，详细的字里行间让人感觉到好像发生在自己身上那样。

他可以说是个永不疲倦、永不安生的行动者，是当时不断扩张、不断攫取的资本主义原始积累时期的社会的典型产物。作者对这一人物的塑造，不仅表现出了他独特的写作手法和丰富的想象力，更是写出了鲁滨逊这一人物在坎坷经历中表现出的刚毅、坚强不屈的品格。

二、电影中的人物形象

电影中故事的起因和结尾与小说所写是不同的，鲁滨逊为了躲避追杀，他踏上了航海的路程，在航海过程中遇到海难而被冲到了一个孤岛上。在这种极度与世隔绝又需要与大自然搏斗的情况下，他将一个当地土著从食人族手中救出，而当他在面对一个与自己不同种族、宗教与文化的人时，第一个反应是要取得优势地位。因此他将土著取名为"星期五"。不幸的是"星期五"最后被奴隶贩子射杀，鲁滨逊在两年的流浪生涯之后带着对这段友谊的怀念及一个全新的自己回到了家乡。

在这部电影中，不仅有着书中传统的冒险元素，也有当今观众最喜爱的电脑特效、动作场面、悬疑气氛和高速节奏。和小说描述的一样，在这与世隔绝的 28 年时间，他对家人的思念及与当地土著居民"星期五"的生死之交是唯一让他保存毅力的原因。除了自己的双手和智慧，鲁滨逊已经一无所有——但他心中有一束不灭的火焰,他相信总有一天自己能离开荒岛,与深爱的家人团聚。

 ## 三、小说与电影《鲁滨逊漂流记》的对比

（1）一开始电影用倒叙的手法描述了笛福接触到鲁滨逊的日记之后决定把它写成小说;而小说只是简单的平铺直叙。

（2）影片中主人公被冲到海岸上是没有过程展现的;而小说则是把他的心理活动描写得很具体,展现了他求生的欲望。

（3）影片中增加了经过孤岛的船只,而鲁滨逊不管用火还是枪都没有被注意到,他绝望得欲哭无泪;而小说中却没有出现。

（4）影片中增加了很多故事情节,例如鲁滨逊与"星期五"刚开始的"敌对";而小说中因鲁滨逊救了"星期五"两人变得很友好。

（5）影片中大幅度地刻画了鲁滨逊与"星期五"在交谈信仰的问题,并告诉"星期五"要相信上帝,还要叫自己为"主人",那种得意的表情完全显露出英国资产阶级的殖民主义;而在小说中描写平淡。

（6）影片中鲁滨逊与"星期五"的看似牢固的友谊屡屡经受考验,由于他们的信仰不同,在对话过程当中不经意的就起了争执,他们彼此较劲,但由于食人族集体的围攻,两人又团结起来一起抵抗,这些小说当中也是没有提及到的。

（7）最后的结局大不相同:影片讲的是鲁滨逊与"星期五"在"决斗"时被英国那些殖民者所杀害;而小说却写得圆满得多,他带着"星期五"离开了荒岛,去开始了新的冒险。

（8）影片反映的时代正是奴隶贸易盛行的时候,也是英国鼎盛时期,因此作为一个英国人,鲁滨逊的"英国性格"在这部影片中体现得淋漓尽致。例如,最后结局殖民主义者从黑人的岛上抓去奴隶以此来贩卖获取盈利,恰恰暴露了他们的殖民主义的本质;而小说更加表达的是鲁滨逊与现实、与大自然抗争的精神,从时代的角度看,他表现出当时资产阶级强烈的进取精神,是资产阶级新兴人物的代表。

四、总结——演员对角色的创造

表演艺术的任务就是在荧幕上塑造真实、鲜明、生动典型的人物形象，他是在剧作创作家形象上的二度创作。在运用自己的生活与艺术上的修养和自己的身体与心灵来创作角色时，既要发挥自己与角色相近之处，又要抑制其与角色相悖之处，一切都要经过提炼和加工，最终以角色的要求，也可以说是以"理想的范本"为归宿，统一于演员所要扮演的角色。

〖作品来源〗

发表于《才智》2015 年第 21 期。

第五章

故乡韵味·民俗文化

解读《鲁滨逊漂流记》中的殖民文化

孙虹瑞

导　读

　　《鲁滨逊漂流记》作为英国18世纪的一篇现实主义长篇小说，从小说的发表至今已近三百年，读来仍脍炙人口，为故事中的主人公在寂静无人的荒岛之上那种坚忍不拔、奋力拼搏、坚强不屈的精神而备受鼓舞。但是从另外一个角度来讲，《鲁滨逊漂流记》也是当时英国殖民主义的真实写照，反映了英国殖民者进行海外扩张的真实历程。本文将对《鲁滨逊漂流记》的内容进行深度解读，以剖析小说掩盖后面的殖民主义元素和其表达出的殖民主义思想。

　　英国现实主义作家丹尼尔·笛福于1719年创作了《鲁滨逊漂流记》，而后该小说广为流传，成为脍炙人口的优秀作品。该小说创作于18世纪的英国，独特的现实背景赋予了小说独特的现实意义——18世纪英国的工业革命正如火如荼地进行着，这一工业革命浪潮迅速地席卷全球，对世界上其他国家产生强烈的影响。同时，因为工业革命需要大量的工业原料和劳动力，因此进行工业革命的国家多数实行殖民主义政策，大规模地开展殖民活动成为该类国家掠夺资源和工业原材料的主要手段。殖民主义国家为首的英国依靠大规模的殖民活动，迅速成为全球的世界工厂和"日不落帝国"，同时以英国为首的资产阶级凭借着强大的资金和国家政权的垄断，迅速崛起成为全球的一方霸主。政治经济的剧烈变化，相应地反映在文化上面也正体现着强烈的改变，而此时迎合资产阶级统治需要、具备浓厚殖民主义色彩的《鲁滨逊漂流记》应运而生，迅速在全世界范围内产生强烈的影响。

　　《鲁滨逊漂流记》该部作品反映了那个时代资产阶级上升时期的那种敢于拼搏、敢于冒险的精神风貌，强烈表现出资产阶级的积极向上的主观意识和对未知世界勇于开拓进取的精神追求。该小说充分迎合了殖民统治者的精神需求，使其物质欲望和精神层面的追求被无限地放大，使得殖民者的殖民统治的野心和对物质资源掠夺的强烈欲望被最大程度地巩固和强化。

丹尼尔·笛福用精彩绚烂的文笔并通过跌宕起伏的故事情节将主人公的生动形象刻画得惟妙惟肖、入木三分，使读者读来便身入其境，置身其中。小说具备较强的可读性和故事的连贯性，故事情节的编排、铺垫先后有序，内容情节精彩、刺激，再加上渲染出的紧张气氛时常扣人心弦、引人入胜，再加之故事里的主人公鲁滨逊敢于冒险的精神和殖民主义的意识理念，通过个人奋斗实现人生目的的价值观念被塑造和刻画得淋漓尽致。所以说该小说彰显了 18 世纪英国资产阶级敢于冒险、奋斗、拼搏的积极向上的理念，同时也从侧面反映出资产阶级渴望通过殖民手段掌控世界的强大野心，成为那个时代殖民者进行殖民活动的缩影的真实写照，真实记录了资产阶级殖民者通过远洋航海对未知世界进行探知和掠夺的殖民活动的情况。

一、鲁滨逊作为欧洲殖民者的身份构建

《鲁滨逊漂流记》中一开始便构建了主人公鲁滨逊的漂流动机，充分展现出他作为一个殖民者渴望寻求财富的强烈欲望。主人公鲁滨逊出身于一个中产家庭，生活较为安逸、优越，但是他对现下的平静的工作和生活状况极为不满，渴望打破宁静、烦闷的生活状态。主人公不安于平静的思想状态使他一次次地无法适应他眼前宁静的生活，于是他从内心涌现出对远航出海进行冒险的强烈渴望，向往着海上冒险的生活是促使他进行漂流的根本所在。[①]而海上偶遇到风暴是使他流落到孤岛的直接原因，推动了故事情节的向前发展。在当时整个时代的大社会环境背景下，鲁滨逊的冒险生活以及探索精神和通过探索带来的不可尽数的财富的强烈愿望在那个时代的人们看来很不现实，具有很大的不确定性，让人无法把握。

---

① 刘苗:《〈鲁滨逊漂流记〉中的后殖民主义因素解读》，青春岁月，2014 年 17 期（22）。

鲁滨逊作为当时殖民者的杰出代表，强烈的欲望动机支配着相应的实际行动，于是让他等来了远航出海的机会，这次远航也同时点燃了他对海外未知世界探索的强烈愿望。正如当时的英国一样，工业革命推动着资产阶级进行海外殖民，英国的经济贸易迅速地由国内转向为海外殖民贸易。同时，海外广阔的市场和丰富廉价的原材料为英国资本主义国家提供了资本主义的原始积累。

小说对鲁滨逊的远航动机进行着细致的描述，充斥着希望通过远航获得丰厚的财富的殖民动机。因此，鲁滨逊远航的第一站便是前往非洲，在其过程中不仅获得了丰富的收益，而且也积累了出海远航的航海经验。于是，在这一次远航过程中，鲁滨逊的身份和角色逐渐发生了重大的转变，商人的社会属性逐渐浓厚和凸显。因此在小说的开头，作者便赋予了鲁滨逊以一个对外扩张的殖民者、外出经商的商人和对外资本的投机者三种社会属性，反映出一个殖民者的本质特征。

而且从鲁滨逊选择远洋航海进行对外资金攫取的手段来看，不仅仅是当时英国殖民者殖民动机的直接反映，而且同时反映出英国跨洋进行殖民活动的事实罪证。特别是鲁滨逊远航非洲进行殖民贸易，表现出当时英国跨洋贩卖黑奴的"金三角"邪恶殖民贸易。从鲁滨逊第一次从事非洲贩卖奴隶贸易活动，并从中赚取丰厚的利润可以看出，鲁滨逊做出这样的选择并非自己一时的突发奇想而做出的决定，而应当是受当时社会思潮所影响，是与当时文化思想与社会精神方面相吻合的。

二、荒岛之上鲁滨逊殖民经济的构建

一次偶然的机会鲁滨逊漂流到一座荒岛之上，刚开始鲁滨逊就已经表现出作为一个殖民者应有的坚忍不拔、顽强拼搏的精神，并从事各种各样的劳动，开始从事一无所有的荒岛建设工作，表现出一种勤劳而顽强，为生存而努力拼搏的精神。

荒岛之上没有任何工具，所有的工作都要从头进行，而且还得独自一个人完成。起初，鲁滨逊攀上那艘已经搁浅的大船，将船上残存的货物一一收集起来，并将船的木板一一拆卸下来，做成一个临时的小帐篷，并将所残留剩下的财富进行保存。但鲁滨逊转念一想，对自己现有的处境仍较为不安，于是乎，转而动手建设自己围有栅栏的简小的寨子，并把所有的食物、武器和财物集中在一个地方储存起来。鲁滨逊在荒岛之上的最初打点在不知不觉中已经运用到了欧洲近代文明思维形式来解决自己的生存处境，在欧洲近代文明思维形式的运用下，一点一滴的拓展荒岛之上属于他自己的殖民经济产业。从最初的制作一块木板用了整整四十二天的时间到逐渐开展种植业、畜牧业，并在岛上狩猎、打鱼还制作陶器等；从最初的依靠船上的面包进行省吃俭用的生存，到学会捕获海上的第一条鱼和在林间狩猎到第一只野山羊，再到后来进行水稻和小麦的种植和将山羊、野猪进行驯化解决食物来源的短缺；从最初进行生火的一次次失败的尝试，到后来知道如何保存火种；从最初的生吃野果，到知道将果实进行保留可用于种植；从最初的生火烤食物，到懂得制作简单的器皿进行有效的烹饪；从最初只会在船上弄来一些简单的帐篷和吊床做一些简单的家饰，到懂得制作木板和制作简单桌椅和一些其他简单的家具，这一切的一切显示了鲁滨逊作为一个殖民者对环境适应能力之强，也是对欧洲近代文明的完美继承。

同时，所谓的荒岛事实上并不荒，而是一座具备基本生存资源与条件的能源宝库，不仅表现在储存着大量的生存资源——野果、作物种子、可供捕获的鱼、野生但可被驯养的牲畜和少量单纯、善良的土人。而鲁滨逊本能的求生能力和对欧洲近代文明的继承，推动着他对岛上的一切资源懂得加以利用，他成功地利用了近代社会提供给他的各种便利——先进的知识储备、制作工艺技术和发明的才能，创造着荒岛之上属于自己的殖民王国。不过之前鲁滨逊所做的一切都只是为了求得自己的生存机会，都是在现代文明社会影响下所做出的面对困境时一些本能反应，在遇到土人之前，他内心深处所拥有的那种欧洲文明的优越感还未完全体现出来。①

① 许存勇：《〈鲁滨逊漂流记〉中的后殖民主义因素》，安徽大学硕士学位论文，2012年4月（14）。

三、宗教上鲁滨逊殖民文化的强行构建

鲁滨逊自从流落到荒岛之上，由刚开始的一个无神论者演变成一个虔诚的基督教徒，并把每次荒岛之上的逢凶化吉归功于上帝的恩赐，他自信每次只要阅读《圣经》就能获得上帝的护佑而躲过凶险，鲁滨逊的主要精神力量来自于对上帝的信仰。因此，鲁滨逊便看不起岛上的原著土人，并在日记中用"野人"加以称呼他们，并在期间救助了一个野人，将其名为"星期五"。而被救助下来的野人与鲁滨逊之间由最初的被救助者和救助者逐渐转变为仆人与主人的关系，鲁滨逊对"星期五"的人身和思想加以控制，而"星期五"获救之日的开始便意味着失去思想和人身的自由，本质上只是换了一个主人而已。这便是反映了当时西方殖民者打着解放人类、拯救处于水深火热的困难人民的旗号进行殖民活动，而最终无非是对殖民地区的人类加以控制和任意摆布而已，更大程度上是导致殖民地区的人类自由的丧失和加深了被奴役人类的苦难。

而在漫长的奴役岁月中，主人鲁滨逊的殖民者的殖民思想对"星期五"的文化身份进行逐渐的侵蚀和瓦解，导致"星期五"对作为殖民者形象的鲁滨逊的盲目顺从和文化崇拜，这也是当时欧洲殖民者所推行的殖民文化对殖民地区人类思想和文化上的排挤与侵蚀，对殖民地区的文化思想进行强力的压制，对世界文化和一些古老地区的古老文明造成严重的摧残和破坏作用。

鲁滨逊的殖民者行为一次次地表现着欧洲文明的至高无上的文化自尊和对其他"野蛮"地区的文化摧残，并通过潜移默化的思想教育方式迫使所谓的"野人"认同并信仰欧洲人的礼仪形式，将与生俱来的欧洲文明优越感凌驾于"野蛮人"文化之上，并运用相应的武力的教育感化措施，迫使他们百分百地顺从，这便是文化上欧洲殖民者野蛮、狰狞的真实面目的本性暴露。

四、结语

《鲁滨逊漂流记》是 18 世纪上升期的资产阶级的一首进行海外开拓的文明赞歌，讴歌欧洲海外殖民者勇于拼搏、对未知世界的积极向上的探索精神。

但同时也将欧洲殖民活动的殖民思想暴露得一览无遗，将欧洲殖民者的丑陋形象表现得淋漓尽致，是一部欧洲资本主义列强进行早期殖民活动和殖民扩张的真实历史画卷。

作品来源

发表于《语文建设》2015 年第 3 期。

《鲁滨逊漂流记》体现的文化价值刍议

马玉梅

导 读

　　文学作品不是独立存在的文化产品，而是受制于当时的历史文化、政治文化和表征系统的多重作用。本文通过对作者笛福所生活的背景、欧洲文明的发达史及殖民文学的定义这三方面对《鲁滨逊漂流记》这部小说进行解读分析，从而进一步证明了文本拥有存在的方式，即便在其最纯正的形式中也总是陷入环境、时空和社会之中的。

　　笛福于 1660 年出身在一个清教徒的蜡烛制造商家庭，是 17 世纪现代小说的创始人之一。1703 年由于发表了一篇讽刺罗马天主教和国教的文章（*The Shortest Way with Dissenters*）而被捕入狱。出狱后，他作为当时下议院发言人罗伯特·哈里的政治言论及舆论宣传的助手在英国政府谋得一职。但此后不久就辞去职务，一心从事文学创作直至去世。在十几年的创作过程中，笛福创作出了诸如《鲁滨逊漂流记》《摩尔·弗兰德斯》《杰克上校》《罗克姗娜》《骑士回忆录》及《瘟疫年的日记》等杰出作品，其中《鲁滨逊漂流记》是最为广泛流传、影响最为深远的一部。

　　《鲁滨逊漂流记》是一个关于逆境成功的故事，主人公鲁滨逊不安于平凡安稳的生活，决心到海外去开拓一番事业。在一次航海中遇到了暴风雨，船只损坏，同伴遇难，他被巨浪抛到一个荒无人烟的孤岛上。鲁滨逊没有绝望，他很快战胜了悲观情绪，白手起家，靠聪明的头脑、灵巧的双手、不屈的斗志与残酷的自然环境抗争。除了每天朗读《圣经》，感谢上帝对他的拯救之外，他把大量的时间都用在扎实勤恳的苦干上，依靠艰辛的劳动改善自己的环境和生活。他从沉船上搬回工具、枪支、弹药，建造房屋，制造桌椅，打猎觅食，还想方设法种植粮食，制作面包，驯服野羊获取羊奶和肉，采集果子，还用几个月的时间制造了一艘大木船。后来遇到一伙土人到岛上举行人肉宴，鲁滨逊从他们手中救出一个将要被杀食的土人，取名为"星期五"，做他的奴隶，还教他说英语，使他皈依天主教成为一个"文明人"。

几年后，驶来一艘英国船，船上水手哗变，鲁滨逊机智地帮船长制服了哗变的水手，夺回了船只，并搭乘该船回到了英国。哗变者被留在岛上，后来鲁滨逊多次回岛看望，派人继续开垦，成了该岛的统治者和拥有者。这正是人类几亿年来与自然界作斗争求生存的缩影。陷入困境—挣扎奋斗—取得成功，这正是人们在文艺作品中最喜闻乐见的题材，把《鲁滨逊漂流记》看作是一部励志小说也不为过。

这部小说是根据水手萨尔科克的真实经历改编，并以第一人称的方法讲述了主人公鲁滨逊的一个冒险故事。故事情节中最令人震撼的是主人公鲁滨逊在美洲的荒岛上目睹生番惨食同类，血淋淋的场面让他们狂吐不止，来自文明社会的旅行者同异域蛮族之间的对峙从而得到了最为充分的展现。作者笛福也正是通过描写欧洲人和一些野蛮人之间的明显差异来歌颂欧洲的文明及对欧洲各国对外的殖民扩张活动进行辩护的。在如今的21世纪，虽然经历了三百多年的岁月洗礼，《鲁滨逊漂流记》仍然在文学史上占有光辉的一隅。它不仅可以作为严肃的文学批评的研究对象，也可以作为茶余饭后的通俗文学读本。鲁滨逊的荒岛冒险故事吸引了无数的读者，影响了数代的人。从最为广泛普遍的意义上来说，这部小说之所以拥有这么持久的魅力是因为它从伦理学等角度反映了千百年来人类进化以及历史发展的一个经典模式。

在《世界·文本·批评家》中，后殖民理论家爱德华·W.萨义德（Edward W. Said）曾经指出，"文本拥有存在的方式，即便在其最纯正的形式中也总是陷入环境、时空和社会之中，简言之，文本位于世界之中，因而是世俗的"。所以文学作品不是独立存在的文化产品，而是受制于当时的历史文化、政治文化和表征系统的多重作用。

一、清教文化精神的具体体现

　　笛福出身于一个清教徒之家，所以富于新教的反抗精神。新教（Protestantism）是 16 世纪宗教改革后脱离罗马天主教的各个教派的通称，顾名思义，即反抗的宗教（相对于罗马天主教旧教而言）。17 世纪中期就有大大小小一百八十多个教派，但最主要的还是加尔文教和路德教。英国的新教运动经过不断的斗争，发展到伊丽莎白时期就形成了众所周知的清教。当时的英国虽然没有像法国和西班牙那样在宗教问题上极端专制，但是也独尊国教，对国教以外的新教派及其信徒加以种种限制。

　　笛福是新教徒，因此对国教的专制政策十分反感。《鲁滨逊漂流记》中充分体现了这种强烈的反抗精神。鲁滨逊的父亲多次劝阻他出海航行成为水手，鲁滨逊却一而再再而三地违背父愿，踏上了航海的征程。第一次出海航行遇上暴风雨险些丧命，第二次遇上了土耳其海盗沦为奴隶，第三次最终被抛上了荒岛，即便是最后鲁滨逊荣归故里发家致富，故事的结尾仍然以他再一次起航结束。鲁滨逊这一次又一次的出海，义无反顾地奔向心中的圣地，和 17 世纪初那些登上"五月花"号满怀新教激情奔向美洲新大陆的清教徒如出一辙。

　　书中对鲁滨逊在岛上定居的文字描述也充满了宗教训诫、道德教化的意味。鲁滨逊从船上搬回了三本《圣经》，从此《圣经》成了他的精神粮食，上帝成了他的庇护者。全船十余人，唯有他一人生还，他把这看成上帝的恩赐；海水把失事的船冲到了岸边，让他可以取得必需的工具和物资，他把这看成上帝的特殊照顾；意外地发现种子，种出大麦和玉米，他把这看成上帝的礼物；大病初愈，他开始了人生的第一次祈祷，深信这是上帝对他以前罪孽的惩罚；他一天三次膜拜上帝，有闲暇便阅读《圣经》获取精神力量。看着生番吃剩的满地的血、骨头和人肉块子，鲁滨逊一面哀叹他们的残忍，一面"满腔感情地仰起头来，泪水簌簌地感激上帝"，因为上帝使他"落生于另一块人间，从而与这帮可恶的东西判若霄泥"。书中充满了一个虔诚的清教徒对于上帝的敬畏，鲁滨逊正是通过岛上的生活发现了自己心中的上帝，并坚定了对上帝的信仰。可以说，《鲁滨逊漂流记》

是一本宣传清教徒心目中上帝形象的书。

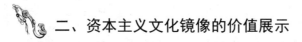

二、资本主义文化镜像的价值展示

15 世纪末起，随着地理大发现和航海技术的进步，欧洲开始了有史以来规模最大的对外扩张活动。对海外土地和财富的狂热追求推动欧洲人一直不遗余力地把他们的船队开往大洋深处，把欧洲文明的触角探向世界的各个角落。到了 18 世纪，英国已经击败诸多的竞争对手，建立起强大的海外殖民霸权。

可想而知，远洋船队带回来的不仅是黄金、象牙和珍禽异兽，还有旅行者在异域蛮邦的探险故事。另外，当时的人们已经知道在欧洲之外还有别的大陆，在白种人之外还有印第安人、黑人等有色人种。神秘、原始的异域风情激起了人们强烈的好奇心，他们也希望通过旅行来印证他们对自己文明的信心。为了说明自身的进步和强大，他们需要有欧洲之外的民族和文化为参照来反观自身，反差越大，带来的满足感也就越强烈。当时风行一时的游记文学是同欧洲的对外扩张和殖民活动紧密相连的。游记中旅行者通常都会对欧洲文明充满自豪感，总是把自己标榜为智慧和理性的典范，所到之处则是原始、怪异的化外蛮邦；同时他们会把异族描写成无知和欲的象征。苏珊·桑塔格说，"有关异域的游记总是把'我们'和'他们'对立起来，其中'我们的文明，他们的野蛮'是前现代游记文学最具代表性的主题"。

《鲁滨逊漂流记》的作者笛福就是通过描写欧洲人和一些野蛮人之间的明显差异来歌颂欧洲的文明以及对欧洲各国对外的殖民扩张活动进行辩护的。比如：穿戴整整齐齐的格列佛，同那些赤身裸体、肮脏落后的蛮人胡野相比，要显得文明、理性得多。同时，因为鲁滨逊会讲标准的英语、能动手制作面包和奶酪、能结网捕猎，还能利用动物的毛皮缝制衣物，这更使他和胡野形成了鲜明的对比。

三、"殖民观念"的原初表露

"殖民文学……指那些有关殖民的想法、看法和经验文字,那些主要由宗主国作家,但也包括西印度群岛和美洲的欧洲人后裔以及当地人在殖民时期所写的文字。我以为这种殖民文学既包括不列颠本土写成的文学,也应该包括在殖民时期帝国的其他地区的文学。这种宗主国的文字……在形成并强化不列颠是主宰世界的强国这一方面,他们是参与其中的……"

"殖民主义文学……是由欧洲殖民者为自己所写的、关于他们所占领的非欧洲领土上的事情。它含有一种帝国主义的眼光……充满了欧洲文化至上和帝国主有理的观念。"

以上是埃勒克·博埃默对殖民文学做出的专门论述。在这里,"殖民文学"主要是西方宗主国(虽然也包括西印度群岛和美洲当地)作家写的文字,这些文字参与强化西方宗主国是主宰世界的强国的观念,而所谓"强化西方宗主国是主宰世界强国的观念"的过程即是凸显西方主体性的过程。帝国主义思想在想象文字中无所不在的影响,展示这种文字对于帝国主义所给予的隐而不见的支持……这一时期的英国作家,不管怎么说已成为帝国主义社会的一部分。殖民主义文学根源于笛卡尔"我思故我在"的思想传统。

东方文学(殖民、殖民主义文学)本身就是"一种思维方式",但东方文学的作家并没有完全封闭于"我思"自我意识之内,东方主义作家思维的对象不仅"在思维",而且还在追寻"思维什么"。赛义德认为东方主义作家思维的对象是东方和东方人。但这些所谓的东方和东方人是由欧洲人凭空创造出来的,而不是东方主义者耳闻目睹的东方的自然或自然的东方。但西方殖民主义作家笔下摆脱认识论的统摄而到达本体论所追问的终极的东方本体。所以欧洲人凭空创造的东方和东方人,都是西方意识指向的未超越意识本身的、属于认识体验而非感性经验的对象,是胡塞尔强调的先验构造的结果。

东方和东方人是在西方思维的过程中被西方构造或建构的。身为文明人和基督教徒的鲁滨逊无法容忍那些生番野蛮人在自己的眼皮底下干出蚕食同类的野蛮勾当。吃人行为超出了文明的道德底线,使生番严重丧失了人性，堕落为妖魔，从而为欧洲殖民者所到之处的屠杀提供了合法依据。当他被巨浪抛到一个荒无人烟的孤岛上，鲁滨逊一直没有放弃生存。几年后，驶来一艘英国船，船上水手哗变，鲁滨逊机智地帮船长制服了哗变的水手，夺回了船只，并搭乘该船回到了英国。哗变者被留在岛上，后来鲁滨逊多次回岛看望，派人继续开垦，成了该岛的统治者和拥有者。

鲁滨逊会种玉米、养羊，并为自己建立了一个越来越像农场的家，这都带有现代文明的特征。鲁滨逊不惜余力地从沉船上为自己搜索吃、用物品，以备回头使用，这也证明和那些野人有严重的区别。鲁滨逊救了"星期五"后，着手对他进行了一系列的改造活动，例如教他穿衣服、学讲英语、做面包、种庄稼以及发射火枪等。虽然这一切都是为了训练出一个得力的帮手来，但也是对欧洲文明的极力炫耀。特别是教"星期五"吃烤羊肉的情节。作为"以狩猎为业的丛林野人"，这些生番却"一直是以吃人肉为生，从未领略过烤羊肉的美味"。这同样也是在说明欧洲文明社会有多种烹饪食物的方法。

作品来源

发表于《作家》2009年第14期。

生态视野下的《鲁滨逊漂流记》

朱玉莉

导 读

　　本文基于全新的生态视野对《鲁滨逊漂流记》这部经典小说进行了重新解读，着重分析和探讨了其中所体现出的害怕、畏惧自然到利用自然、与自然和谐共处到征服、掠夺自然这种人与自然关系的发展历程。由此，可让人们重新审视过去对大自然的所作所为，这对于促使人们树立起正确的人地关系与生态观具有重要的意义。

引言

　　随着人类跨入 21 世纪，有关人与自然和谐相处、建立生态文明的社会也日益引起当代人的重视，工业文明在给人类创造巨大财富的同时，也给人类留下了严重的创伤，地球遭受严重的破坏。这极大地制约着人类社会的持续发展。

　　随着社会的快速发展、科技水平的快速提高，当今人类也越来越清楚地意识到，要想挽救伤痕累累的地球、要使人类真正走出生态危机的困扰，人们的思想意识、生产生活行为必须予以彻底的改革和创新。在此基础上，手中掌握着高科技的人类还必须清楚地认识到，他们的一举一动将对整个地球、整个大自然产生极其深刻的影响。遗憾的是，直至今日，并非所有的人都能深刻认识到这一点，致使当前生态危机还极大地困扰着人类。面对有可能进一步恶化的生态危机，生态批评也开始逐渐发展，并日益壮大起来，具有生态危机感的作家和批评家，也开始基于生态视野这个全新角度对世界经典名著进行重新解读，以期能够唤醒那些还不能深刻、正确领悟人地关系的人们，让他们能从思想根源上重新审视他们以往对大自然的态度和所采取的行动。正是基于此，以下本文以丹尼尔·笛福的著名作品《鲁滨逊漂流记》为例，从这种全新的生态视角来对这部作品进行重新解读，通过对这部作品中的主人公——鲁滨逊种种思想和行为的深入分析，为当代人找出当今生态危机的真正根源。

一、《鲁滨逊漂流记》的创作背景分析

18 世纪初，享有"英国和欧洲小说之父"的英国著名作家丹尼尔·笛福创作了世界经典著作《鲁滨逊漂流记》。当时正是英国社会的重大转折时期，由封建社会向资本主义社会推进，不管是从政治上还是经济上进行分析，这些条件都为社会转变提供了极其有利的条件。基于日渐兴起的资本主义思想的影响，使得当时英国人的价值观也发生了极其深刻的改变，摆脱了宗教神教的桎梏，日益崇尚人的努力和奋斗。《鲁滨逊漂流记》正是在这样一个新旧社会交替更换、人们思想观念急剧转变的背景下创作出来的。

这部小说的作者丹尼尔·笛福，来自于英国伦敦的中下层资产阶级，纵观丹尼尔·笛福的一生，充满坎坷、波折，他青年时期已经开始经商，但屡次经历失败，到了晚景更是落寞孤独，郁郁寡欢；在政治上，他代表当时小资产阶级利益，要求民主、崇尚个人努力；经济上，他赞成发展资本主义贸易、推行殖民主义政策。小说《鲁滨逊漂流记》集中体现了作者的思想及价值观念，也反映了在资本主义初期资产阶级的思想动态及精神面貌。鲁滨逊是本部小说的主人公，他代表富有冒险精神的资产阶级人物，正是在这种资本主义冒险精神的支配下，鲁滨逊勇敢地出海航行，结果因一场巨大的灾难让他孤独一人滞留海岛听风看雨，由此付出了 28 个青春年华。在这漫漫的 28 年的时间内，鲁滨逊勇敢地与周围那极为恶劣的自然条件作斗争，上天不负有心人，通过他的艰苦努力，他终于如愿以偿地把那个荒凉的孤岛变成了一个人间胜景。从生态文学这个角度来看，鲁滨逊在荒岛

所度过的那段漫长岁月，就是他与自然相处的一个漫长过程，实际上也是他对大自然心态的一个变化历程。

二、害怕、畏惧自然

鲁滨逊初到这座孤岛，这里对他来说太陌生了，由于对这荒岛自然环境一点也不了解，鲁滨逊对它充满了极度的恐惧。正是心中对荒无人烟海岛的极度害怕，使得他不停地在海岛上疯跑，在他心里，面对陌生的大自然，就犹如面对死亡一样可怕，因而他不停地奔跑，渴望能以此躲过这次厄运。此时的海岛，无淡水无食物，气候闷热，狂风暴雨不止，此外，还不时有凶猛野兽出没在他面前，所有这些都进一步加剧了鲁滨逊对海岛的恐惧。在面对高深莫测的大自然时，可怜的鲁滨逊是渺小和无助的。例如，每当海岛迎来狂风暴雨，他唯有躲进洞穴里向大自然祈求——可怜可怜我，放过我吧！面对如此恶劣的自然条件，尽管他不断地向大自然祈求，但大自然依然我行我素，想做什么就做什么，一点也不可怜鲁滨逊的遭遇，以至鲁滨逊在他心里一万个不愿意地把这个海岛称为"绝望之岛"。

在他看来，这个海岛对他来说是非常可怕的，根本看不出有一点点让他生存下去的希望。正所谓福不双至、祸不单行，更为糟糕的事情来了，鲁滨逊在孤岛上不幸生病了，生病在人生历程中本是极为平常之事，在那种没有水、没有食物的极度恶劣环境中，生病更是在所难免，但在可怜的鲁滨逊看来，他的生病是老天对他的严重惩罚，是上帝要他下地狱的前兆，特别是当他想起，要是他不遇到这让他倒八辈子霉的海难，他此时正在家中过着舒适的中产阶级生活呢，何至于如此举步维艰、穷途末路。正因为此，让鲁滨逊更加绝望和沮丧，他几乎承认了，在这荒无人烟的万恶海岛上，他唯有两种归宿，不是病死，就是饿死。然而，冥冥之中似乎上天尚未曾忘记他，他躲过了这场灾难，疾病痊愈了。由此，他在那极为恶劣的自然环境中创造了一个人间奇迹——他活下来了。

自那以后，也许是经历了这场大灾难使他大彻大悟，他不再那么恐惧和害怕海岛了，他每天用很长时间在认真观察这座海岛，并在心里认真地思索着：他今后应如何来与这块土地进行相处，以让他能在这海岛上顺顺当当地生存下去。

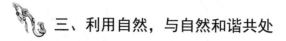

三、利用自然，与自然和谐共处

正是鲁滨逊经历了那场大病以后，让他对继续生存下去重新充满了信心——既然天不绝我，我为何要坐以待毙？于是他找了一个相对较为安全、可以遮风挡雨的地方作为他的安居地，并且以海岛树木为原料，自力更生做了一些生活用具，例如桌子、凳子等，并且再次跑到失事的船上，把他当前最为需要的物品找出来，如一些日常生活用品、枪支及弹药等，这为他下阶段独自一人在这荒岛的生存带来了极大的帮助。

经历了前段时间的恐惧和惴惴不安，现在鲁滨逊已经能够大胆地在这荒岛上走走看看，于是他对这荒岛的自然环境也日渐熟悉了，此时，他意外地发现原来老天早就在这岛上为他准备了好多可食用的东西，例如葡萄、小麦、水稻等。这让他欣喜若狂，他决定好好利用老天送给他的礼物，绝不辜负上天对他的一片期望。经过一个阶段后，他不仅学会了收获麦种、稻种，而且还充分利用岛上可利用的自然条件来种植小麦和水稻。通过他的努力和奋斗，他终于也成功地种植了小麦和水稻。看着自己亲手栽培出来的小麦，看着通过自己劳动而得到的成果，他的心情极其舒畅。对大自然进行充分了解，并在这基础上适应自然、利用自然并开发自然，这一直是他前段时间梦寐以求的生活，那种原本遥不可及的奢望，现在竟然活生生地出现在他眼前，这怎不让他欣喜若狂呢！于是，他再也不对这荒岛恐惧了，他也不再诅咒这海岛了，他甚至对这荒岛感到了莫大的亲切，对岛上的一草一物产生了莫名的亲切。

正是经历这段时间的洗礼，使得鲁滨逊真正融入大自然中了，这使得他感到格外轻松和愉快；正是这座荒岛，使得鲁滨逊有机会褪去人类虚伪和浮躁的面目，让他重新回归自然和纯朴的人类本性。于是，他发自内心地深爱着大自然，同时，大自然也未曾亏待他，而是极大地厚待他，以至曾有一段时间让他乐不思蜀。

四、征服、掠夺自然

鲁滨逊在与大自然和谐相处一段时间以后，他的殖民主义本质就不由自主地暴露出来了。在他进行第二次航海的过程中，很不幸，鲁滨逊被人抓起来并当作奴隶处理。但老天似乎很眷顾他，在另一个黑人奴隶佐立的鼎力帮助之下，鲁滨逊非常幸运地与这位黑人患友一起逃脱出来。在整个逃亡之路上，他们面对困难，互帮互助，共渡难关，终于成功克服种种艰难险阻，鲁滨逊与黑人佐立成了好朋友，建立了深厚的友谊。

但在鲁滨逊看来，黑人佐立是他的好朋友，这也是要讲究条件的，是要让他有利可图，一旦这种利用不再存在，他与黑人佐立的友情也就不复存在。正是如此，才有了黑人佐立最终被鲁滨逊以60西班牙银币卖掉的这样一个情节，至此，鲁滨逊的殖民主义本性已经开始暴露、膨胀。

小说中，鲁滨逊对"星期五"的驯化，其实就是鲁滨逊殖民主义行为的另一个具体表现。我们知道，"文化他性"历来是这些贪婪殖民主义者所推崇的。"星期五"本是处于极为危难之中的一个不幸奴隶（被一群野人抓去用于祭祀，并在祭祀结束后将遭到被野人吃掉的厄运），鲁滨逊恰逢奇缘搭救了他，自那以后，为了报答他的救命之恩，"星期五"就追随着他，因而他就要求"星期五"尊称他为主人，还要"星期五"学说他的语言——英语，并要求"星期五"接受基督教观念，不断地从话语权、从思想上对"星期五"进行奴役，以至最终完成对"星期五"的文化侵略。此外，为了实现他个人更大的占有欲，他还教"星期五"怎样使用工具来进行劳动。例如，鲁滨逊非常有耐心地教"星期五"制作工具盒、面包，所有这些，其实都不是鲁滨逊为了"星期五"今后能更好地在这座海岛上生存，而是要"星期五"学好这些本领以后，能够更好地为他做事、更好地为他服务，这就赤裸裸地暴露了他的殖民主义本性。特别是当他能够适应并熟悉岛上的生活以后，他就把自己当作大自然的主人——海岛的主人。这从小说中对他的叙述能很清楚地看得出来，例如，有位受到船员围击的船长，在被鲁滨逊搭救出来后，对鲁滨逊极其感激，情不自禁地称鲁滨逊为"总督"，鲁滨逊听了，竟然乐得心花怒放，在他心中早就把自己当作这海岛的主人、至高无上的统治者。此外，鲁滨逊在营救船长等人之前，还向他们提出了两个条件，其中一个条件就是要他们在岛上期间绝对听从他，不许对他的海岛主权进行侵犯。

显然，鲁滨逊向他们提出这些条件是很蛮横无理的，毕竟同是天涯沦落人，只不过是他碰巧先落难到这座海岛、先对这里的自然环境进行适应而已。况且在他之前，这岛上早已有土著居民生活。因此，在鲁滨逊对海岛进行主权宣布时，其行为已与当时的殖民主义国家如出一辙，为了自己的利益，什么事不能干？屠杀他人、掠夺他国，更不用说随意破坏和改造大自然了。正是基于此，才带来困扰着当代人类的种种生态危机和环境问题。

五、结语

总之，《鲁滨逊漂流记》基于鲁滨逊这个人物的描述，把18世纪以来，人类对自然的那种由害怕、依赖、和谐再到征服、掠夺的变化过程进行了淋漓尽致的刻画，让我们在享受着当代高度发达的科技文明成果的同时，更要以此为鉴，从生态视野这个全新角度对世界经典名著进行重新解读。这对于让当今人们真正摆脱生态危机困扰、创建更和谐、更稳定、更繁荣的社会均具有极为重要的意义。

‖作品来源‖
发表于《作家》2014年第14期。

敬　启

　　《中外文化文学经典系列》是由常汝吉、李小燕主编，众多一线教师参与选编的一套大型的中学生阅读指导丛书，旨在提高中学生文学素养，使他们能从多角度了解这些文学经典著作，引导他们建立发散性的阅读思维，让他们了解中外文化文学经典著作的深刻精髓，终身受益。

　　本丛书在选编过程中，得到许多著作权人的理解和支持，欣然允诺我们选编，在此表示衷心的感谢。由于本丛书选编工作量浩大，涉及著译者甚广，我们实难一一查实。恳请本书中我们未能及时取得联系的著译者理解我们的求全之心，以免本书遗珠之憾。为保护著作权人的合法权益，我们将稿酬专账暂留我社，敬请相关作者与我们接洽并给予我们谅解。

联系人：王老师

电　话：010-64251036

现代教育出版社

2018 年 1 月